颠覆

【澳】拉里·奎克 【澳】大卫·普拉特 著 刘安琪 译

Larry Quick

DISRUPTED

David Platt

剧变时代的7大生存原则

地震出版社
Seismological Press

图书在版编目（CIP）数据

颠覆：剧变时代的 7 大生存原则 /（澳）拉里 · 奎克，（澳）大卫 · 普拉特著；刘安琪译 . -- 北京：地震出版社，2020.10

ISBN 978-7-5028-5169-9

Ⅰ . ①颠… Ⅱ . ①拉… ②大… ③刘… Ⅲ . ①企业管理—案例 Ⅳ . ① F272

中国版本图书馆 CIP 数据核字 (2019) 第 285410 号

Larry Quick & David Platt Disrupted
ISBN 978-0-9943769-0-9

First published in the English language by Resilient Futures Media
Simplified Chinese rights arranged with Resilient Futures Media through R&T Publishing Co.Pty Ltd and Seismological Press.
由 Resilient Futures Media 首次以英文出版。R&T 出版有限公司、Resilient Futures Media 与地震出版社共同拥有简体中文版版权。

著作权合同登记 图字：01-2020-4337
地震版 XM4538/F(5888)

颠覆：剧变时代的 7 大生存原则
［澳］拉里 · 奎克 ［澳］大卫 · 普拉特 著
刘安琪 译
责任编辑：王亚明
责任校对：李肖寅

出版发行：地震出版社
北京市海淀区民族大学南路 9 号 邮编：100081
发行部：68423031 68467993 传真：88421706
门市部：68467991 传真：68467991
总编室：68462709 68423029 传真：68455221
证券图书事业部：68426052 68470332
http://seismologicalpress.com
E-mail：zqbj68426052@163.com
经销：全国各地新华书店
印刷：北京柯蓝博泰印务有限公司

版（印）次：2020 年 10 月第一版 2020 年 10 月第一次印刷
开本：880 × 1230 1/32
字数：154 千字
印张：8
书号：ISBN 978-7-5028-5169-9
定价：55.00 元

社会各界的赞誉

拉里和大卫准确地阐述了颠覆性变革的本质及强劲发展势头，并通过书中的案例指导我们如何利用颠覆性力量保持领先地位。我将向公司的每一位员工发放本书，激发他们思考“接下来该做些什么”。

约翰·霍金斯

《创意经济：如何点石成金》

《创意生态：思考在这里是真正的职业》作者

唯一一成不变的是对“一切都会改变”的认知。“颠覆”是21世纪社会发展的主题，而本书是任何渴望在颠覆性变革中得以生存的人的必读之作。

本·哈莫斯利

未来学家

《现在你应该知道的64件事：如何毫无恐惧地拥抱数字化未来》作者

这是一本极富见地的书，它深入剖析了当下企业面临现实威胁而无所作为的后果，并对企业如何保持业内领先地位进行了具体阐释。对高瞻远瞩的企业高管来说，本书值得一读！

马克·扎瓦基

650 Labs（650实验室）创始人

在《颠覆：剧变时代的7大生存原则》这本颇具影响力的著作中，技术发展推动下的指数级变化、颠覆性变革下的转型，这两大影响当今商业社会的关键因素被巧妙地结合起来。拉里和大卫的“行动战略”理念为我们提供了应对未来的有效途径，其中包含诸多实用的指导性建议。对于想要了解、探索并共同创造未来的人来说，本书是必读之作！

格尔德·莱昂哈德

未来学家

作家

The Futures Agency（未来组织）首席执行官

如果你想要了解当下及未来世界，对未来满怀期待而非惶恐失措的话，本书不可不读。

菲尔·鲁斯文

IBISWorld（宜必思世界）创始人

本书是当下指数级变化时代不可或缺的指南。我们能够从中学习如何利用变化，为日后发展做出更好的决策。

艾伦·韦伯

Fast Company（快公司）联合创始人

拉里·奎克与大卫·普拉特为我们提供了一剂消除不确定性、不安全感和自满情绪的良药。他们提出的行动战略法则适用于防御、高端制造、教育、物流等领域的多种组织。阅读本书，改写组织的未来！

迪·弗莱明

Ducere基金组织执行董事

Accelerated Knowledge Technologies（加速知识技术）公司董事

真正了解系统性颠覆的人凤毛麟角。拉里·奎克——“Resilient Futures（弹性未来）”创始人和大卫·普拉特，在他们的新作《颠覆：剧变时代的7大生存原则》中对系统性颠覆进行了详细阐述，对如何利用新的可能性给出了极具价值的战略性建议。我平均每年阅读约150本书，《颠覆：剧变时代的7大生存原则》一直是我的案头书，随时翻阅。

理查德·汉默斯

Center for the Future（未来中心）首席执行官

对致力于战略变革的人而言，《颠覆：剧变时代的7大生存原则》是一本实用手册。

约翰·恩格尔哈特

FIDO Global LLC（FIDO全球有限责任公司）主席、联合创始人

关于作者

拉里·奎克是一名战略家，在与美国和澳大利亚的诸多企业及市政部门合作的过程中积累了丰富经验。他是“Resilient Futures（弹性未来）”的创始人，也是行动战略（SiA）框架的早期开发者。

行动战略框架拥有长达20年的前沿研究基础，致力于研究组织如何在颠覆环境中保持弹性。

拉里曾策划、领导了诸多战略项目，将其在企业战略、创新、经济发展、技术战略、可持续性及弹性、城市规划方面的专业技能运用其中。

作为一名癌症幸存者，拉里万分珍惜这个伟大世界赐予他的每一分、每一秒。除旅行外，拉里的其余时间都与妻子海伦在澳大利亚的维多利亚州生活。

大卫·普拉特是一名在公司培训指导、教育、社区发展及弹性研究等方面颇有经验的战略家。他曾向澳大利亚及美国诸多企业领导人传授战略能力培养方面的经验。

大卫是“弹性未来”项目的主要开发者，在为大中型企业设计、推广行动战略培训方面拥有十多年的经验。

大卫出生于美国，现与妻子及两个孩子定居澳大利亚维多利亚州。

在2015年创作《颠覆：剧变时代的7大生存原则》时，作者有如下几大关键性预言（已经实现）。

1. 颠覆因素的多样性——经济、社会、环境、技术等方面的融合。

2. 虽然颠覆并非全新概念，但所涉范围、规模及其系统性影响在不断更新变化中，这样的体验前所未有。

3. 如此史无前例的颠覆性变革以指数级速度发展，其影响力将在五年之内真正有所展现。

4. 如果人们了解如何利用颠覆创造可持续价值，那么这些经验、建议将会是转型变革的后备及推动力量。这种变化不仅能够化解我们当前所面临的颠覆危机，还将利用颠覆为发展与繁荣提供支撑。

作者最想说的是，在当今的大环境中，你面临着两个选择：利用颠覆及指数级变化创造可持续价值，或背道而驰、自食其果。

推荐序一

把握契机，从颠覆到重塑

李新庆

澳大利亚教育管理集团（AEMG）总裁

后疫情时代，很高兴能读到这样一本讲述系统性颠覆的书。对于身处大变革中的一代人和组织而言，这本书提供了立足于未来的、富有指导性的生存指南。

事实是：颠覆性的剧变早在数年前就开始了。我们的经济、社会、环境和科技等各方面都在融合、颠覆和重塑，这种变化是指数级的，很多人之前对此毫无察觉，直到2020年，这种颠覆的影响力才开始有所展现。从全球范围来看，几乎所有行业都面临着重新布局和“洗牌”的冲击，未来的竞争性特质已经显露出来，就像拉里·奎克和大卫·普拉特指出的那样，在当今大环境中，你面临着两个选择：利用颠覆及指数级变化创造可持续价值，或者选择随遇而安，直至被时代抛弃。

确定的是，颠覆是一场危机，也是一个契机；不确定的是，经过颠覆的阵痛后，谁将重生？

行业被解构、传统价值被摧毁、游戏规则被改变，我们存活下来并成为领先者的关键，就是要对未来的发展具有独特视角，掌握在剧变中生存的7个原则。这也是我从《颠覆：剧变时代的7大生存原则》这本书中获得的最大教益。

多年来，我们一直从事国际教育和文化交流活动，与中国、美国、欧洲各国等多个国家的教育机构和研究中心建立起了合作关系。在中国，我们与中国海洋大学、华中师范大学、山东科技大学、闽南师范大学等高等院校有过不同层次的交流合作。近几年，我们已经敏锐地感觉到了一种巨大的变革正在酝酿，其规模和系统性影响都在不断增强，拉里和大卫的这本书把这种颠覆性变革第一次完整地揭示了出来，还给出了组织应变的战略，庆幸在我们做一个重大决策之前读到了这本书！

我相信《颠覆：剧变时代的7大生存原则》将成为商务人士的案头书，每一个人和组织如果想为未来10年做好准备，就读这本书吧。

推荐序二

颠覆已成常态，不足为奇

索尔·卡普兰

BIF（商业创新工厂）创始人及主要推动者

《商业模式创新工厂》作者

当适度调整收效甚微时，我们往往需要自身或组织架构的创新重塑。自20世纪以来，我们便进入了这样一个时代。随着新纪元的到来，变化日新月异，这一点毋庸置疑。

新技术以迅雷不及掩耳之势闯进了我们的生活。凭借互联网的力量，思想理念与实践活动在世界各地传播与开展，社交媒体对个人的改变是无法想象的。我们身处的时代面临经济动荡、社会剧变以及气候变暖等诸多问题，着实令人担忧。而这一切中能够确定的唯一一点是：关联转瞬即逝。如何在千变万化且动荡不安的世界中保持关联，已成为当下至关重要的问题。

我们的现有机制往往优先考虑市场份额，而非建立市场。在以跟风仿造产品与服务、改造流程、标杆管理、持续完善等为标志的工业化时代，我们能够灵活自如地进行适度调整，并且逐步改进。但这一时代已经宣告结束。伴随着当今世界急速变化的步伐，我们需要使用一系列全新的方法与工具。

如今我们可以通过阅读书籍、求助相关专家或者学习现有理念，从竞争对手那里多抢占一些市场份额，以获得一定程度的改善。在以新型实践、颠覆性技术、市场建立与转型为特征的21世纪，逐步变化与改进是必要的，但远远不够。

面对颠覆性威胁，大多数领导者会选择坚持从事他们喜欢或擅长的事务：强化现有商业模式并深深扎根于此。他们善于将新产品、新服务引入现有商业模式中，配置技术以增强现有能力，在新市场中拓展现有商业模式，或试图通过政策法规的制定来抑制新型商业模式的发展。此类战略在短期内可能具有一定价值，但从长远来看，一旦面对能够利用全新商业模式革新价值创造、价值传递及价值获取方式的颠覆型竞争对手，此类战略便会劳而无功，毕竟颠覆已成为常态，没有例外。

“变化”这一概念令很多人惶恐不安，加上“指数级”三字，便更让人提心吊胆。拉里·奎克与大卫·普拉特所著的《颠覆：剧变时代的7大生存原则》一书，堪称身处指数级变化拐点的个体和组织的生存指南，为应对大规模且日新月异的变化提供了参考。拉里·奎克与大卫·普拉特从指数级变化的简化概念出发，向广大读者阐述了应对指数级变化“意想不到冲击力”的战略方法。

2020年的现实情况已经清晰地呈现在我们眼前：新型冠状病毒、火灾、洪灾肆虐，股市大跌，社会动荡加剧。从诸多渠道获得的消息，将使你对这些颠覆性因素有较为全面、相对客观的认识。

然而你可能尚未意识到，这些颠覆性因素将产生系统性影响，更重要的是，其中蕴含着诸多待以利用的机会！

这就是本书的价值所在，它不仅仅是一本书，更是读者群体、学习体系、领导者网络、组织及社区生态系统的融合汇聚——共同利用颠覆，创造可持续价值！

前　言

颠覆性变革正在成为少数人的优势

“人们并不理解指数级变化。”麻省理工学院媒体实验室负责人、《数字化生存》一书的作者尼古拉斯·尼葛洛庞帝，以一种平静而坦率的语气说出了这句话。1996年3月我（拉里·奎克）第一次听闻这句话之后，它在我耳边萦绕数月之久。

当时针对指数级变化，尼古拉斯正在探讨“原子比特化”“无页书”“智能汽车”“可穿戴媒体”“家庭电视”。这些对现在的我们来说都是耳熟能详的名词，对吗？

但在当时，这一切如同天方夜谭。

尼古拉斯的推测很有趣，但我印象最深的是他对整个变化体系发展速度、融合程度的看法。

今天，我们把他在1996年做出的预测视为理所当然，但我们是否真的理解尼古拉斯关于指数级变化“日新月异”的观点？是否意识到这样的变化在经历漫长蛰伏后即将苏醒？又是否知道我们应付如此变化都很困难，更不用说利用它了？

可以说，我们并没有真正意识到这些。若干年前人们并不理解“指数级变化”，直到今天，仍然有很多人不明所以。

对于大多数人来说，这没什么重要的，但对于少数思想先进的人来说，利用指数级变化赋予了他们一种优势。

接下来，我们将进一步做出解释。

1979年，由于身份差异，人们对于石英钟表制造持有两种不同看法：石英危机与石英革命。瑞士传统机械钟表制造商称之为“危机”，而亚洲新兴制造商敏锐地抓住了机遇，开始发展这一新兴产业。

1888年，乔治·伊斯曼创立了伊斯曼柯达公司，通过销售价格亲民的相机和相对昂贵的胶卷而发展壮大。伊斯曼柯达公司致力于向大众普及业余摄影技术。在这一技术浪潮的推动下，便携式相机记录了人们日常生活中的众多精彩瞬间。当时，任何值得铭记的时刻都被称为“柯达时刻”。但从20世纪90年代末至21世纪初，这家曾在1988年雇用了14.5万名员工的大型公司，所占市场份额如同过度曝光的胶卷一般，反差巨大，劣势凸显。柯达公司在2012年申请破产，此时智能手机已经取代了一度具有革命性意义的相机，甚至记录所有“柯达时刻”的技术设备。

石英钟表和数码相机的案例表明，指数级变化对于墨守成规的人来说毫无用处，而对于砥砺创新的人来说大有裨益。

这就存在对“利”“弊”划分的分歧，前文石英钟表与数码相机的案例只体现了其中的一面。瑞士人开创了石英制表技术的先河；1975年，柯达公司的工程师史蒂夫·萨森发明了“无胶片相机”。从何时起，柯达公司的没落转变成了苹果公司的兴盛？瑞士人是否错失了能够主宰自身发展方向的机会？他们是否能够持之以恒，直至长久以来他们珍视的行业转向利好，在新技术时代取得突破？

英文字典中对“颠覆”一词的定义是：干扰事物、活动、进程的问题或因素。如今，“颠覆”一词还被用来形容引进新产品、打造新市场后的飞速发展。如此一来，“颠覆”既代表了破坏，又意味着创造。随着时间的推移，破坏会逐渐转化为创造，创造也有可能演变为破坏。利、弊总是能够互相转化。

Uber（优步）是世界上最大的出租车服务公司，却没有一辆出租车；Airbnb（爱彼迎）是世界上最大的酒店运营商，却没有一间客房；Apple（苹果）和Google（谷歌）是世界上最大的软件供应商，却未编写任何应用程序。

这不仅仅是数字时代的颠覆，还意味着对传统商业模式的压制与挤占。投资领域已从下一季的最佳新品转向能够迅速且成功颠覆固有商业模式的新兴企业。

这就是颠覆性变革，有利有弊；是破坏，也是创造。

我们是本书的作者，也是“Resilient Futures（弹性未来）”的组织成员。“弹性未来”是一个由致力于战略规划、风险管理、系统分析的专家组成的团队。我们用二十多年的时间开发出了一个便捷、灵活的战略框架，可帮助领导者、团队、组织、机构应对颠覆性变化的浪潮。作为战略家，我们在众多行业及领域拥有丰富的经验。我们为组织、机构提供指导和咨询服务，帮助它们轻松自如地应对愈演愈烈的颠覆性变革，实现宏伟目标。我们非常乐意在此分享所知所得。

本书将使你坚信，无论颠覆性力量会以何种形式改变你所在的组织或行业，对你来说都是好消息。但仅限于那些具有远见卓识、能够伺机而动的组织成员，及每一个体。

一位在全球金融危机中损失了20亿美元股东资金的银行首席执行官曾说：“没有人能够恰合时宜地预见此类现象。”我们希望你能够了解，这种观点并不正确。读完本书后，你将意识到此类颠覆性变革不仅能被预测，还可加以利用，使你及其他组织成员从中获益。

更重要的是，能够敏锐察觉并利用颠覆是一种能力、一门学问及一种生活方式，随着时间的推移，其重要性越发显著。纵观历史长河，我们正处于指数级变化的关键“拐点”，推动颠覆的力量正在逐渐汇聚，并终将到达巅峰。

随着这些“拐点”的出现，我们注意到美国、澳大利亚的诸多组织会不可避免地面临与那位“理性的”银行首席执行官类似的致命问题。我们把这些问题称为“管理适应性衰退（MAD）”。当组织或机构忽略弊端，采用看似有效实则无用的温和战略应对颠覆时，就会出现上述情况。采用“精益管理”“硬管理”的方式只是扬汤止沸，分散解决问题的精力而已。正如“温水煮青蛙”，最后他们只能被动、无知地接受命运。当商业模式这只“青蛙”因为水至沸腾而奄奄一息时，釜底抽薪为时已晚。

我们相信，那些时刻关注当下周边环境或形势变化的人终将成为真正的赢家。这个指数级变化发展的时代蕴藏着巨大机遇，对于能够利用颠覆的个人、组织及行业来说益处众多。我们希望帮助你调整战略规划，规避可能出现的管理适应性衰退。毕竟，使用已经造成损失的手段来解决问题是行不通的。若想避免深陷令人咬牙切齿的衰退模式，你亟须更新战略思维模式。

我们希望本书能够为你提供理解颠覆、运用颠覆的简易战略框架。换句话说，我们想要告诉你如何将颓势转化为优势。我们将这一框架称为“行动战略（SiA）”，并在各类环境中对其进行了应用测试。行动战略框架是本书的核心理念，其宗旨是：帮助个人、组织理解并应对颠覆性变革的复杂性，做好应对颠覆的准备，更重要的是利用颠覆创造可持续价值。《颠覆：剧变时代的7大生存原则》涉及的学习者、参与者与实践者形成的人际关系网被称为“颠覆利用的领导者（LLD）”。通过LLD，你和所在组织可以体验一系列在线服务。

简单来说，这是一种简易法则，用于指导你在指数级变化的现实环境中评估条件、做出选择并付诸行动。在这个指数级变化发展的时代，本书将成为你积极主动利用颠覆性变化的指南与工具，以有效规避更多混沌的、破坏性的负面影响。尤其值得一提的是，本书列举了诸多案例，描述了那些满怀信心而富有洞察力的人在通过机遇、风险的重重考验后，收获长期价值，走向成功的历程。

本书第一章、第二章着重介绍了指数级变化的本质和“行动战略（SiA）”——旨在利用颠覆的五维框架法则。

第三章至第七章分别叙述了SiA法则的五个维度。每章都探讨了Apple（苹果公司）、Whole Foods（全食食品超市）、Tesla（特斯拉）等善于把握颠覆的企业是如何顺应时代变化，将SiA法则付诸实践的。我们在这些章节中特别添加了一些启发性问题，鼓励读者感同身受地进行反思，分析如何将这一法则学以致用。这五章中分别列有“颠覆应对就绪情况检查”，概述了本章内容涉及的相关概念及方法，以检验你是否做好了应对及利用颠覆的准备。

第八章引导读者行动起来，制订个性化战略，以崭新的面貌满怀期待地面对灿烂未来。

本书汇聚了我们二十多年的经验及智慧。我们希望本书能以翔实的案例、有效的解决方案，为领导者或团队应对颠覆提供参考。在写作过程中，我们始终坚信，创造力与合作能够帮助我们从容应对指数级变化，取得意想不到的成果。同时，希望这样的信念可以感染每一个人，尽管前路荆棘丛生，但依然胸有成竹。毕竟，早已有人先行一步，成为探路先锋。

迈出第一步之前，你不妨扪心自问："我真的了解指数级变化吗？"

接着，问问自己："我面临的颠覆是什么？又将如何利用它来创造可持续价值？"

努力寻找到属于你的利好一面，然后尽情庆祝吧。

拉里·奎克 / 大卫·普拉特

目录

第一章

如梦初醒：身处指数级加速时代

身处颠覆性时代意味着什么？

何谓指数级变化？

什么因素正推动着指数级变化的发展？

新理念将如何引导我们更加从容地应对指数级变化？

我们对未来的思考未免过于单一了。今天的我们正身处飞速发展的全球化世界。世界变化的速度并不是以百年或十年来计量的，世界每时每刻都在发生着变化。

——皮特·迪亚芒迪斯

拐点式转折

假设某天一个腰缠万贯的老板想要聘用你完成一项工作，工作内容虽不复杂，但要花费四月份整整一个月的时间。你问他："薪酬待遇如何？"

"你有两个选择。"他回答道，"要么你现在就把总共100万美元酬劳拿走，要么你每天开车来我家领取当日的报酬。如果你选择后者，那么第一天你只能领取1美分，之后每一天的酬劳都是前一天的一倍。"

你不免陷入沉思。乍一看，第一种选择似乎更加诱人：不用开车，不用麻烦，100万美元直接拿走。相比之下，第二种选择真的值当吗？

你需要精打细算一番了。

在前26天，选择第二种方案似乎是个彻头彻尾的错误。第一周结束后，你的收入合计1.27美元。第15天结束后，时间已经过半，而老板一共只向你支付了327.67美元。但从第26天开始（图1.1），不可思议的事情发生了……

你的收入增长可以用"指数级"来形容。这个词一出现总能产生轰动效果。同"可持续"一词如出一辙，它的含义不甚清晰，听上去也似乎有些夸大其词。

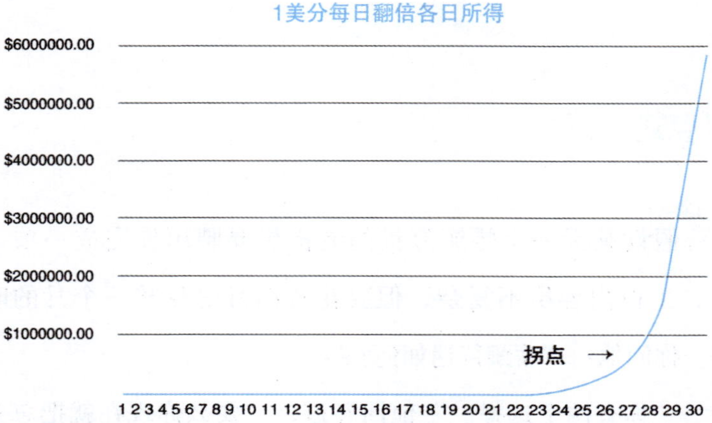

图1.1　从1美分开始每日翻倍，连续30天后所得似乎并不多，但实际结果将使大多数组织为之震惊

“指数级”概念中令人惊讶同时常被忽略甚至遗忘的一点是：它其实简单至极。指数级增长是通过普遍、持续、稳定的复合增长率或变化率实现的。例如，自第二次世界大战以来，美国国内生产总值的年增长率约为2%。任何人都不会对“2%”这一数字感到惊讶，因为这是一个可预测的、长期稳定的增长率数值。但随着时间的推移，日复一日，年复一年，2%的复合增长率所产生的影响变得越发显著。

如果用曲线图来描述此类增长，那么在相当长的时间内，增长趋势似乎并不显著——曲线沿着水平方向延伸，走势趋于平缓。然而，突然从某一点开始，曲线奇迹般地出现了“拐点”，一路飙升。图中的曲线走势如同一根曲棍球棒。在美国国内生产总值年复合增长率2%这一案例中，曲棍球棒式的曲线走势预示着一个超级大国将突现国际舞台。而这一曲棍球棒上的拐点正是指数级变化的临界点，从此美国财富值突破瓶颈，高歌猛进。

事实上，人类一直生活在指数级变化的环境中，只是增长与发展的速度总是保持相对稳定。因此，经过较长一段时间后，稳定发展所带来的变化看上去似乎并不显著。此外，在一系列相互关联因素的协同作用下，变化并非完全单一。人类足足用了几千年的时间才实现了从农耕时代向工业时代的转型，但仅仅在120年后，我们便能够制造灯泡；之后，90年后，1969年，登月计划成功；之后，22年后，互联网进入人们的视野；9年后，人类基因组测序启动。由此可见，指数级变化一直伴随我们左右。

回顾人类历史，我们能够真真切切地感受到它的光彩夺目。我们时隔多久才会有一次这样的体会？大多数时候，我们都沉浸在日常生活的琐碎之中。事实上，指数级变化的现实困扰着我们的思维，我们墨守成规地以为这样的变化应建立在线性因果关系的基础上。我们迫切希望我们的所作所为有所回馈。一旦回应稍有延迟，我们便认为付出并未获得应有的回报。人类千百年来积累的经验告诉我们，无论时间如何流逝，大多数情况下事实一如既往。因此，我们总是习惯依靠过去积累的经验指引现在、规划未来。

指数级变化拐点展现了截然不同的一面。在拐点处，变化幅度如此之大，不容小觑；在拐点处，过去的事实与未来的预期大相径庭。这一刻，我们可以感受到变化真切存在着。这一似乎“不知从何而来”的现象就这么奇迹般地降临了，着实令人感到意外、惊讶甚至困惑。成功与失败，似乎只发生在一夜之间。

我们不妨换一种方式理解拐点。在这个临界点处，变化的强度或幅度已经处于不可逆转的状态。这一临界点之后的变化速度将远远超出我们的预期。此时，阻碍变化发展只是徒劳；试图逆转变化，延续过去的发展节奏更是极不明智的。站在指数级变化的风口浪尖，这么做仅仅是在浪费宝贵资源而已。

这就是颠覆。指数级变化体现在日常生活的方方面面。在颠覆时刻，即使不愿意发生变化，你也不能再继续无视变化。正如在1美分翻倍案例中，最令人震惊的指数级变化发生在第26天到第30天，产生了意想不到的冲击。

这样的冲击有多强烈？依照指数级计算方法，第30天时，老板支付给你的薪水为5 368 709.12美元。这时，老板一定会长舒一口气：谢天谢地，4月没有31日。

感受到了颠覆?

现如今，类似YouTube（优兔）、Facebook（脸书）、Airbnb（爱彼迎）等最初鲜为人知的互联网公司在短短几年时间内便拥有了数以亿计用户。与此同时，无人机也由军事武器变成了一件花50美元就可以买到的儿童玩具。

我们不妨再想想“万物互联网（IoE）”这一趋势。专家预测，未来五年内（至2020年），机器对机器（M2M）通信的增长速度将高达400%。2018年，互联设备已经超过100亿台；而到2020年，互联设备数量预计将超过700亿台。大数据与万物互联网的融合将对复杂的数字交易产生难以估量的巨大影响。

当然，指数级变化不仅仅体现在技术或商业中。俄罗斯科学家在测查北冰洋甲烷气体羽流时，发现了令人担忧的现象：之前上百个数十米直径的甲烷羽流已经发展成为数千米直径的甲烷气团，并逐渐浮出海面。甲烷对大气的危害是二氧化碳的50倍。气候变暖导致北极冰川融化，海洋对太阳辐射的吸收能力增强，反射能力减弱，从而引发海洋温度升高等问题。大自然同样可看作一个包含拐点、临界值的模型，在上述案例中，为我们提供稳定生存环境的气候模式发生了改变。

与气候骤变的曲棍球棒式曲线相比，数字革命产生的颠覆就显得微不足道吗？若数字革命产生的颠覆得以正确利用，它能为越发严重的气候变暖问题提供解决方案吗？

事实上，指数级变化拐点时刻体现在截然不同又息息相关的各领域或体系中。即使变化看上去很缓慢，但“曲棍球棒”形态的指数级发展曲线、“第26天起激增”的指数级现象无处不在。这是一个颠覆性时代，变化速度从某一转折点起，猝不及防地激增，一日千里，随之而来的便是对现实的重塑。我们曾经对生活的环境了如指掌，如今一觉醒来，惊慌失措地发现早已迷失了方向。

当一个人的生活中充满了指数级变化，感觉会如何？拐点是如何体现在个人经历、工作或家庭中的？从之前的云计算热潮，到气候模式骤变，再到大数据驱动下的万物互联网，你的日常生活经历了什么样的转变？

知己知彼：你眼中的颠覆是什么？颠覆你的又是什么？

颠覆性变革的五大因素

指数级变化是个通俗易懂的概念，但是颠覆性时代下的现实生活绝非如此简单。颠覆性变革难以捉摸，人们身处其中极易迷失方向。

指数级变化如同变魔术一般，并不仅仅局限于数学计算。指数级变化累积的影响非同小可，若我们抽身而出，以客观视角加以观察，那么产生极速变化的这一拐点或许能够帮助我们更为深入地剖析这个颠覆性时代。

我们在与身处颠覆性时代的组织合作的过程中，或多或少地养成了关注并理解这一时期标志的习惯。一次次地审视当下时代，确实有助于某些特定观念体系的建立。因此，当我们敏锐察觉到指数级变化所带来的奇迹与风险时，就已经提前找到了合适的应对方法。

在与不同组织开展合作的二十多年里，我们归纳总结了推动颠覆性变革的五大内在关联因素：连通性、复杂性、混沌性、变化周期、技术。其中，技术因素是前四种因素汇聚的核心（图1.2）。

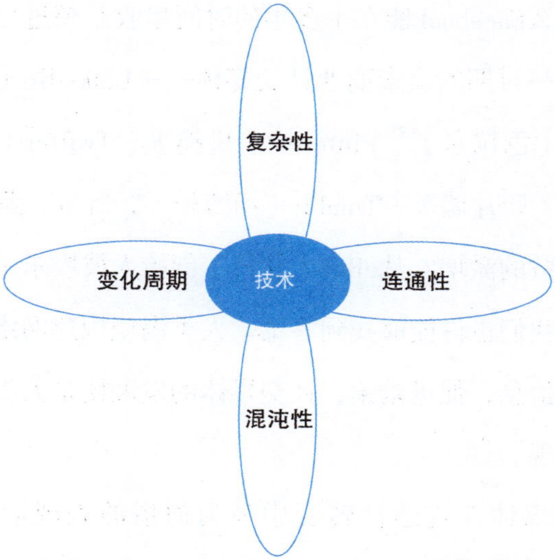

图1.2　推动颠覆性变革的五大内在关联因素

认识到这些因素之间的内在联系非常重要。它们共同建立起了一个系统性变化模型，各因素间互相影响，其中任何一个因素的发展都会推动其他因素加速发展。现在，我们不妨暂时忽略它们之间的关联，依次独立分析探讨这五大因素。

连通性

我们所拥有的技术终于能让更多的人保持密切联系，这在人类历史上还是第一次。

——彼埃尔·奥米迪亚

为什么Facebook能在十多年的时间里收获超过15亿用户？为什么同一时期的众多商业社交媒体——LinkedIn（领英）、Snapchat（色拉布）、Pinterest（拼趣）、Twitter（推特）、Instagram（照片墙）、Tumblr（汤博乐），等等，都实现了影响力与收益的激增？从eBay（易贝）创始人彼埃尔·奥米迪亚的话中，我们也许能够找到答案。人类渴望构建网络，建立联系，分享信息，促进繁荣，社交媒体的发展便是人类传统需求剧增的体现。

社交媒体是连通性转变中最为通俗的表现形式，在信息、通信、教育、生产、贸易等系统中，其作用毋庸置疑。消除通信时间滞差的需求加速了网络建设的速度，消除地域限制的需求促进了贸易、合作的发展，增进了联系，这在20年前是无法想象的。随着万物互联网的发展，基于连通性的激进型新经济模式不断地发展壮大。例如，爱彼迎、优步等P2P（点对点）颠覆性合作企业的兴起，表明大批企业家已开始意识到本地与全球其他各地连通的巨大威力。

爱德瓦尔多·帕耶斯曾说："经济一体化是新时代到来的第一个有力证据。"我们难以对此做出反驳。彼此之间距离的拉近，一方面增加了经济机会，另一方面，也提高了失败风险。在经济发展与实现互联的迫切需求下，经济一体化势头强劲，使得传统管理型组织不得不开始转型。

全球化意味着开放的市场、激烈的竞争、众多的机会以及具备统一质量标准的世界级市场。全球化促使我们的客服中心开始雇佣操着一口流利英语的菲律宾籍工作人员。这样的"劳动外包"使看似成熟的世界劳动力市场产生了一丝恐慌。与此同时，全球化为各种商品及服务创造了广阔的新市场。

以下信息更能说明问题。

· 根据目前的预测，新兴市场的发展速度将是发达市场的四倍。

· 自2010年至2020年，新兴市场中的2.7亿户家庭进入"全球消费阶层"（即你的营销对象），数量增长超过40%。

波士顿咨询集团（BCG）利用"全球就绪指数"评估企业对发展中国家经济增长、经济规模及成本优势的捕捉能力。该公司最近的一项调查结果显示，仅有13%的高级管理者具备利用这些新兴机会的能力。面对不断涌现的机会，大多数人如同面对激增的竞争和风险一样，感到束手无策。

在当今的互联网世界，对连通性的利用不应被视为难题。在过去的十多年中，我们目睹了苹果、亚马逊等公司的产品在全球市场上逐渐占据主导地位的过程。我们已经习惯了应用社交软件。优步、爱彼迎这样的新兴企业都能做到利用连通性，其他企业为何不能呢？

知己知彼：你所在的组织与客户之间的连通性如何？它拥有与苹果、亚马逊等企业相同或类似的关系网络吗？

复杂性

简约的艺术本身就是个复杂的难题。

——道格拉斯·霍顿

连通性是复杂性的主要驱动因素。在全球化时代，对任何一家企业的供应链进行深入剖析都需要考虑极度复杂的现实环境。在刚刚建立关联的各方寻求以新方式整合各项能力的过程中，社会、经济及技术的复杂性大大深化，关联方之间的密切程度、交易速度及相互依赖程度随之增加。

关于复杂性这一因素最有趣的一点是，我们要尽量让其以通俗易懂的形式呈现，互动也要方便、简易。作为消费者，我们希望产品的相关操作流程相对简单，不要过于挑战智力，消耗情绪。从技术复杂性的角度来看，智能设备的出现是一次不可思议的飞跃。智能设备之所以广受消费者的欢迎，正是因为相关公司利用复杂性，设计出了能使人产生直观、愉悦体验的简易界面。

自动取款机可能是复杂性以简易形式呈现的最典型的例子。它的界面并不比儿童玩具复杂多少，却在出色整合商业、法律、安全和技术的基础上，让交易变得方便、快捷。我们要做的仅仅是按下按钮，取走现金。这对我们来说很简单。

再以三明治为例。做三明治需要几双手？如果你的答案是一双，那么广义上讲并不准确。你午餐所享用的三明治其实是全球性三明治制作网络的产物：农民种植小麦，面包师烘焙面包，卡车司机运送酱料，电力公司为售卖三明治的餐馆供电，服务生可能还会在三明治上撒些从法国大西洋沿岸小岛——雷岛上提炼的食用盐。你吃的三明治看似制作简单，实际上所蕴含的复杂性令人惊叹。

知己知彼：你所在的组织是如何处理复杂内容并将其以简易形式表现的？

混沌性

战场上总是一片混乱。能同时掌控我方和敌方混乱场面的人才是真正的赢家。

——拿破仑·波拿巴

混沌性对我们来说最为恰当的解释是：系统或网络的非连续程度。这里的“系统”是指组织、经济、社会或者气候，等等；“非连续”是指打破我们所适应的规则或连续性被打破后的状态。在混沌性条件下，我们不能再依靠已知变量预测产出或结果，比如出乎意料的极端天气事件、毫无征兆的疫情暴发、猝不及防的全球金融危机，等等。

1942年，经济学家约瑟夫·熊彼特阐述了“经济创新”的相关理念。他写道：“创造性破坏是资本主义的本质，新商品、新技术、新供应来源、新组织形式等冲击的并不是现有企业的边际利润和产量，而是它们的基础和命脉。”

熊彼特将不断从内部改革经济结构的产业变化过程称为创造性破坏过程，当然也可以使用“颠覆”或者“非连续”等词语来描述这一过程。我们更倾向于“混沌性”一词，因为它更为直截了当。

当今世界，混沌性多半是人为造成的。我们不妨想想人类历史上那些被淘汰了的旧方法、旧模式等。在某些方面，人们对于创造性表达的渴望已经为非连续和混沌性的出现埋下了种子。

如今，混沌性已经扩散到各行各业。它可以将某些企业置于死地，并从中发掘新机会。随着混沌性愈演愈烈，任何创新的适用期都会相应缩短，我们无法无限期地依靠所谓的“摇钱树”。社交媒体平台数量激增以及被迅速淘汰的现象仅仅是混沌性的一种表现。谁还记得被淹没的MySpace（聚友）呢?

在如此混沌的状态下，唯一不变的就是变化。变化分为两类：连续变化和非连续变化。连续变化如同我们熟悉的季节更迭，是已知或可预测的；非连续变化好比春雨未至而飓风席卷，是完全出乎意料的。比如，数字技术的兴起使得柯达公司的商业帝国迅速陷入泥沼，这便是非连续性的体现。

在如此混沌的状态下，某一个体的非连续性可能是另一个体连续性的体现。史蒂夫·乔布斯时期的苹果公司已经做好了迎接非连续性的准备。苹果公司不仅完善了智能设备技术，还利用iTunes及苹果应用商店程序搭建了全新的盈利生态系统。对苹果公司来说，数字化的“飓风”并非灾难。事实上，真正的“飓风”是其利用非连续性产生的创造性破坏。

利用混沌性或非连续性已是老生常谈。牛顿的“机械宇宙观”为人类可以凭借其理性发掘世界的自然规律做出了重要贡献，但其最终被爱因斯坦的相对论推翻。相对论为核能、太空竞赛、全球定位系统的发展奠定了基础。颠覆、混沌性、非连续性、创造性破坏……，这些词语并不新奇。在驱动指数级变化的所有因素中，混沌性一直占据主导地位，影响越来越大。

混沌本身并不会让人感到从容、舒适，但利用混沌性是身处颠覆性时代的人们必须掌握的生存技能。可惜，这并非普通技能。一般来说，我们会被诸如固定行为模式等认知偏见左右，致使我们无视现实情况，缺乏积极应对行为。在与不同组织合作的过程中，我们意识到固定行为模式仅仅是认知偏见的一种，认知偏见导致人们对不可避免的颠覆性变革视而不见。以下是部分其他类型的认知偏见。

模糊效应——避免做出因缺少信息而结果未知选择的倾向。

叠加效应——集体信念在公共话语中得到重复，进而促使其合理性不断增强的自我强化过程（也就是“只要长时间重复一件事，这件事就会变成事实”）。

从众效应——行为、观点朝着与大多数人一致方向变化的倾向（也就是“群体思维”）。

确认偏误——通过搜索、解释、关注、记忆等方式支持个人成见或预想的倾向。

控制错觉——高估自己对事件控制能力的倾向。

忽视概率——在不确定情况下进行决策时，完全忽视基本概率的倾向。

知己知彼：你认识的人在面对混沌性时，是否产生过其他类型的认知偏见？你是否也被这类认知偏见所困扰？你能否积极应对非连续性？

变化周期

在全球经济危机最为严重的2009年，我们观察到了一些新现象：危机的影响正跨越国界，以前所未有的速度席卷而来。

——潘基文

当更加深入地审视连通性、复杂性和混沌性时，我们逐渐意识到，这三大因素如同三驾马车，车轮随着马匹的狂奔越转越快。

变化周期是指完成某种变化所需要的时间，如学习或应用技术、生产产品、完成交易、广泛使用新发明、初创企业受到广泛关注所需要的时间。要想体会变化周期的变化有多显著，只需回忆一下在快餐店从点单到吃到汉堡需要多长时间即可。20世纪90年代时，人们需要等待20分钟左右。现在，如果汉堡在三分钟之内还没到顾客手里，这家快餐店估计就要被大多数客人拉进“黑名单”，关门大吉了。优步在六年时间里从一种简单的应用程序发展到市值500亿美元的企业，拼趣在2010—2013年底期间由4万用户发展到7000万用户，这些都是活生生的例子。其发展壮大都是变化周期的调整不断加速的体现。

变化周期所呈现出的多样性令人眼花缭乱，它也被称为股票周期、商业周期、交易周期，等等。变化周期已经开始以超快的速度变化，在这一点上我们几乎无法辩驳。

当事件发生几分钟后我们便能在社交媒体上看到相关新闻时，我们深切感受到了不断加速变化的变化周期。当按下按钮进行金融交易时，我们亲身体验了加速变化的变化周期。一个世纪以前，完成同样一笔交易需要进行大量的正式信函往来，耗时往往长达半年。当拥有相应技术的新兴企业淘汰了我们曾寄予厚望的传统企业时，我们能够强烈地感受到身处加速变化周期中事物的脆弱。有时，发展前进的车轮呼啸而过，扬起大片灰尘，人们很难看清某个企业的未来是否可期。往好的方面说，做到高瞻远瞩成了我们需要应对的挑战；往坏的方面说，那些狂奔的“马匹”看似势不可当，实际上并没有很强的力量。

令人难以置信的是，每一个变化周期都有导致其他变化周期加速变化的趋势。这应该成为你思考颠覆性时代的关键：多个系统性的、不断相互触发的变化周期迅速汇聚，在整个系统中创造了指数级变化的复合效应。

知己知彼：哪一种加速变化周期正影响着你所在的组织？

技术：十字路口的悖论

我们对未来的直觉是线性的，但现实中信息技术的发展是指数级的，两者截然不同。如果我直走30步，那么我仅仅走过了30步的距离；而如果以指数级方式计算，我将跨越十亿多步的距离。

——雷·库兹韦尔

1965年，Intel（英特尔）公司联合创始人之一戈登·摩尔发现，自集成电路问世以来，其上每平方英寸可容纳的晶体管数量以每年翻一番的速度增长着。他认为，这样的增长势头将会一直持续下去。这便是著名的摩尔定律。在相当长的一段时间内，事实确实如他所预言的那样。然而经过数年的发展，增长速度放缓至每18个月翻一番，并一直保持着这一稳定态势。当我们走过传统芯片技术时代，没有人能够对摩尔定律何时不再适用做出权威预测。坚持“摩尔定律不会失效”的代表人物之一是著名的未来学家库兹韦尔。在2001年时，他便指出：“21世纪的发展进步不是以百年为尺度来计量的。若按照如今的指数级增长速度，我们在这一世纪的变化发展大概相当于过去两万年的变化发展。”

我们内心深处强烈的兴奋之情蠢蠢欲动，每日薪酬翻倍最终日进百万也将美梦成真。虽然也有人对库兹韦尔这样富有远见卓识的未来学家的观点提出质疑，但我们现在真真切切地生活在摩尔定律所预言的世界里，以指数级速度发展进步的技术随处可见。可当我们真正意识到发展进步是如此迅速时，除了深受启发鼓舞，还会感到焦虑不安。

2013年5月，美国政治活跃分子科迪·威尔逊试射了世界上第一支3D打印手枪，在世界范围内引起了巨大轰动。据报道，这支被戏称为“解放者”的手枪是威尔逊利用在易贝网上购买的斯特塔西公司生产的3D打印机制成的，制作材料为塑料，价值仅60美元。威尔逊还创立了名为“分布式防御”的非营利性组织，旨在公开各类武器的相关资料。在试射此枪之后，威尔逊通过这个组织发布了该枪支的设计蓝图。

威尔逊的惊人之举引起了执法当局的高度警觉、媒体的广泛关注以及大众的热烈议论，各方探讨的核心问题是如何规范由激进新技术驱动的此类行为。虽然威尔逊的本意仅是激发各方对于加密无政府主义的关注，并非昭示技术的颠覆力量所带来的无限可能性，但从“解放者”这一“符合时宜”的手枪名称中，我们多少能感觉到一些潜在趋势。

技术处于指数级变化五大协同作用因素的中心。换句话说，技术的飞速发展是驱动连通性、复杂性和混沌性的真正动力，技术的极速进步为变化周期的加速提供了有力支持。在技术的引领下，我们将在充满指数级变化的未来纵横驰骋。

有关技术的悖论就在于此。它一方面让我们感受到前所未有的极速体验，另一方面为平稳发展提供了便利。技术是我们了解极速发展时代并从中获益的工具。正如自助取款机或智能设备，技术以简易、快捷的形式传递着复杂且不可思议的力量。

人类自诞生以来便经历着一场技术之旅。当人类第一次学会取火，第一次用石头制造工具时，颠覆的车轮便已滚滚向前。从取火到使用交通工具，从古登堡印刷术到机器流水印刷，再到智能设备，这趟漫长而又振奋人心的旅程没有终点，技术发展的步伐也越来越快。值得重申的是，这样的加速确实难以应付。波士顿咨询公司在报告中指出，仅有13%的高级管理者有能力寻求全球性的机会。这意味着剩余87%的高管正面临困境。

价值创造的地位举足轻重。当我们创造可持续价值的能力得到增强，当我们面对复杂性、混沌性、极速而又不可预知的挑战，依然能跟上变化的脚步时，技术才真正称得上有功之臣。

那么，我们为何不充分发挥自身能力，发展新技术，设立有效的决策流程呢？我们需要应用策略工具，以尽可能简单、合理地应对巨大挑战，还需要敏锐的思维，以赶上持续加速的变化周期。寻求精益并不是问题的答案，漫不经心地追求敏捷管理或组织灵活亦非解决问题的关键，我们需要应用更为彻底的决策。

应对颠覆性环境时我们需要使用特殊手段。我们应当以“马”的精力、耐力与速度，拉动颠覆的“马车”全速前进。要想成为掌控马车的车夫而非命丧车下的冤魂，我们必须迅速理解、领会并牢牢掌握正确的“驾车”理念。

这就是当下我们亟须探究的内容。

关于弹性

我注意到，即使是那些认为一切都是命中注定且无力改变的人，在过马路前也会先张望一番。

——斯蒂芬·霍金

我们的大部分工作都致力于增强组织弹性，以应对颠覆性变革。每次使用“弹性”一词时，我都会关注这个词对大多数人而言的意义。在此稍微阐述一下，弄清以下两点是很有必要的：弹性的意义；在组织应对指数级变化中的拐点时，我们希望使用行动战略（SiA）引入新型弹性。

在我看来，弹性是在灾难、打击、逆境中幸存并最终获得成功的人所应具备的特质。这是我一直以来所坚持的观点。这类所谓“幸存者”的弹性通常是这样的：他们一往无前，却对即将面临的困难一无所知，继而陷入困境，因受伤、妥协而情绪低落，最终，他们坚强地站了起来，抖擞精神，砥砺前行，步入正轨。他们跌倒过，但绝不认输。从他们身上，我们看到了百折不挠、奋勇向前的特质。

我们注意到，幸存者与受害者间仅有一步之遥。用通俗的话解释便是：不到最后一刻，你并不能确定英雄将成为幸存者还是受害者。

让生意或生活持续下去的唯一方式是适时利用弹性。我们并不心存侥幸，认为所有厄运都能避免，但当我们三番五次地听说“弹性”一词时，不禁会想：真的没有其他方式了吗？

其实，有一种弹性实际存在，却常常为人们所忽视。我们在对弹性的描述中，会提到幸存者们高瞻远瞩，在颠覆性变革造成的困境面前知道如何改弦易辙。幸存者并未将时间浪费在唉声叹气上，而是打起精神，积极应对变革。受害者在最后一刻依然无力回天，而对幸存者来说，逆境会成为机会，故事的结局也将被改写。

当谈及弹性时，我们并不想过多讨论如何经受住打击，在危机中生存，抑或如同汽车碰撞试验中的假人一般，面对强烈冲击，依然死守撞毁的车辆以求保全。我们在此想要探讨如何审时度势，在颠覆性变革到来之前率先改变自己。

如何做到这一点呢？我们不妨通过另一个关于弹性的例子来说明。首先，你应该从另一个角度看待所谓的“困境”或颠覆性变革。比如，13%的高管积极探索如何利用蓬勃发展的新兴市场，他们的弹性体现在能够接受非持续的颠覆性变革，并且愿意学习如何随机应变，充分发挥自身的主导作用。而剩下87%的高管对于全球化所带来的巨大变革又作何体验？若不具备这样的弹性，他们将毋庸置疑地处于劣势，毫无胜算可言。无视机遇的后果往往是陷入逆境，柯达公司就是这样。

对我们而言，弹性至关重要。但有一点需要牢记，我们在此所指的弹性仅仅是需要恢复常态情况下的行动，且并未将其视作唯一可行的方法。令我们更感兴趣的是如何重塑弹性，改善组织能力。没有人愿意当一个屡屡受到冲击的“碰撞试验假人”，我们是时候将变化转化为机遇，以适应这个颠覆性时代了。

我们至少应该了解在指数级变化的环境中，该如何将变化视为机遇而不是困难。我们不妨先探讨一下对变革、弹性、风险及机遇的看法，为理解第二章中所论述的行动战略法则打好基础。

“碰撞试验假人综合征”自查

既然无力改变现实，不如换个角度看待现实。

——尼科斯·卡赞扎基斯

我们意识到，颠覆性变革正在各个领域迅速蔓延，这使得工业革命看上去如同儿戏。面对如此剧烈的变化，你和你所在的组织感到不适应十分正常。

摒弃陈词滥调，做出相应改变是很困难的。我们往往更倾向于可预知的持续，毕竟人总是喜好乘势而上、继承传统。这就好比跳舞，人人都能信步而为，但倘若按照旋律提前设计好舞步，我们会跳得更加从容、享受。

我们生来抵触变革，常常把混沌性与创造性破坏误认为危机。我们甚至坚信：变革不仅是一种极度破坏生活的力量，而且无法帮助我们发现潜在的机遇。

在此我列出了一份清单，列举了人们面对颠覆性变革时的一些典型反应。你不妨仔细阅读，并与自身情况一一比对。哪些症状似曾相识？当剧变突降，面临偏离正轨的威胁时，你可能会有什么样的反应？

1. 你是不是完全没有意识到变化？

“我们完全没有意识到次贷危机的来临！我们怎么可能知道？没有人能够适时预见到这类情况！”

2. 你是不是否认变化的发生？

“我们只是不愿意相信数字技术极具优势。”

“我们通过推送邮件的形式获利。我们需要做的就是更加频繁地推送高质量的文案。我们只需更加努力就行了！”

3. 你是不是试图刻意逆转趋势？

“如果我们将史蒂夫·萨森发明的无胶片相机匿藏，这项技术就不会发展，我们就能保障柯达公司的利益。”

4. 你是不是接受打击，极力恢复常态？

“没错，北美汽车制造业依然暂时处于低谷，但只要你投资，相信我们会重整旗鼓的！毕竟，能够存活下来就已经很不简单了，不是吗？”

5. 你是不是浮躁不安，过于积极地看待一切？

“我们只要对瓶罐和报纸进行循环使用，一切就都会好起来的！实在不行，移居火星也是一个不错的选择。”

6. 你是不是过于消极地看待一切？

“要完蛋了！如果我们不立即将机动车改装成园艺种植机，五十年后就是世界末日！”

…………

以上这些都是深受“碰撞试验假人综合征”困扰的组织或个人会出现的状况。其看上去颓废无助，深陷困境，无法自拔。对于这些组织和个人而言，弹性意味着复原能力，因为其一开始就承受不起如此的重创。这些组织和个人唯一渴望的是在逆境中幸存。

如果能够释放自我，换个角度看待变化，这些可怜而无助的“假人”又会是怎样的结果呢？

成长守恒与释放重组

与地球和谐共生，感受四季更迭……这些关于大自然的老生常谈，恰恰都是真理。

——苏珊·奥利恩

生态学家巴兹·霍林通过细致观察，革新了“变化”概念的诸多方面。从变更管理到可持续发展，他对各行各业及各种思想流派的贡献基于其对大自然发展变化的观察，这与我们惯用的方式大相径庭。

通常来说，生态学家眼中的生态是这样的：植物占据一片区域（生长），从周围环境中逐渐积累能量以存活（交流）。例如，一棵树需要从阳光中获得能量，从土壤中获得水分和养分，将其储藏在根、叶、枝干中。树是生长存活的实体，是成长与守恒的体现。

霍林注意到，在生态系统发展过程中，另外两个因素也发挥着同样重要的作用，那便是释放与重组。在此过程中，某些物种（如大型阔叶树木）会占据主导地位，这些优势物种所积累的能量体现了新生态系统、新物种与新环境的潜力，其蕴藏的能量经常以惊人的新生命形式释放出来。例如，树木中积聚的能量偶尔会成为森林大火的燃料，进而改变生态景观，以便为多种植物的生存提供更为适宜的环境。也可以说，这是一种大自然创造性破坏的形式。

霍林在适应性循环理论（图1.3）中提出了两种循环形式：成长与守恒的正向式循环、释放与重组的反向式循环。这有助于我们了解何时能够有所收获，何时应该促进颠覆与创新。在生态系统蓬勃发展的过程中，某些能量的作用在于破旧立新。这种反向式循环并不会导致灾难，因为这完全是基于大规模稳定正向式循环的打破重建。虽然部分树木会因一场改变森林原貌的大火而遭到破坏，但世界上仍会有大片阔叶林存在，它们参天的枝干和强大的根系依然能够不断生长，储存能量。

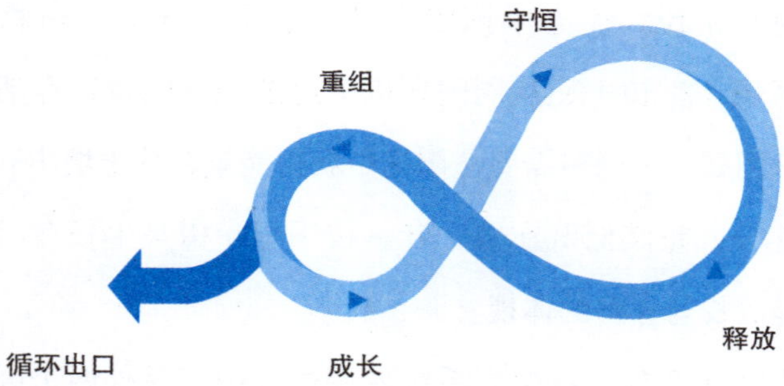

图1.3 适应性循环：霍林提出的适应性循环包括成长与守恒的正向式循环、释放与重组的反向式循环。缺乏对这一理念的理解可能导致管理适应性衰退

我们可以常常向大自然讨教一二。从宏观角度看，生态系统的蓬勃发展，并非与所谓的“灾难性事件”无关，反而很大程度上是“灾难性事件”为生态系统注入了新鲜血液。森林大火是大自然循环的一部分，并非异常现象。因此，颠覆或破坏性变化仅仅是积聚的能量以全新的形式进行释放。就像我们常说的：这不可能成为世界末日。事实上，世道常情一贯如此。

霍林提出的适应性循环理论同样适用于社会与经济体

系。罗马帝国及后来的诸多帝国一度深陷殖民利益无法自拔，最终只能沦为自我贪婪逐利的牺牲品。那些曾经辉煌的商业帝国也一度认为可以通过抑制竞争性创新来控制、封锁市场，它们最终也落得和罗马帝国类似的下场。回想一下传统媒体、汽车制造商以及近年来的一些能源公司，你就能明白这一点了。

当领导者坚持、鼓励正向式循环，却担心、否定甚至试图阻碍反向式循环时，他们的做法已与自然规律背道而驰。在所有运转系统的适应性循环中，高效与守恒只是其中一个方面，反向式循环蕴含的创新力量同等重要。释放反向式循环所储能量将为系统注入新鲜血液，帮助系统实现基本重组。

仅维持现有财富和架构，企业是无法发展壮大的。企业现有财富所积聚的能量常常会引发创造性破坏，或遭受无法预估的非连续打击。大多数企业管理者都希望企业如同笔挺的阔叶树木一般，站稳脚跟，按部就班地成长发展。像柯达公司工程师史蒂夫·萨森这类人在空闲时总爱去自主实验室看看，“放一把火”，尝试“创造性破坏”，领导者们面临着这样的选择：要么尊重反向式循环，将其视作企业振兴的动力；要么尝试与之抗衡，但这将会不可避免地遭遇一场毁灭性的“大火”。

要想让组织发展壮大，管理者需要在能力、资本、知识产权、人力资源以及其他运营优势方面积累并贮存能量，使其成为高效运作的实体。尽管这在一定程度上会动摇商业常态或破坏之前获得成功所依靠的架构，但你依然需要适当释放能量，以利用非连续变化。一旦意识到如此“释放”是重组的基础，相信你会这么做的。

像柯达公司这样选择坚持“成长与守恒”而忽视“释放与重组”的组织已经陷入管理适应性衰退的困境。它们盲目地以一种自视良好的管理方式应对不利条件，虽然起初可能会延缓颠覆性变革的到来，但过不了多久就会加速破坏性衰退。处于管理适应性衰退阶段的组织倾向于依赖以往经验，认为顺应时代潮流做出改变必死无疑。对于这些组织来说，应对方案总是力求更加努力、更为高效地遵循商业常态。一旦谈及变革，它们很快便陷入认知偏差，或摆出“碰撞试验假人综合征”自查中所列举的说辞。

它们选择了与自然规律对立抗衡。这难道称不上偏执、愚昧吗？

颠覆性领导力自查

与变化，甚至是颠覆性变革和平共处并非毫无可能。我们需要换个角度看待变化，将其视为释放与重组的自然过程。弹性不仅仅是一种态度或理念。我们对指数级变化时代的适应程度可以通过一些具体标准进行评估。

以下列举了未患“碰撞试验假人综合征”的组织或个人所具备的特征。此类组织或个人不会屈从于看似不可避免的管理适应性衰退。你不妨将自己的实际情况和以下情况进行比较。

1. 你是不是意识到了变化？

2. 你是否密切关注着自身所处环境？你是否了解是何种力量正在塑造现实，何种力量即将崭露头角？

3. 你是否接受复杂性？

4. 你知道如何接受复杂性，并对此提出相对简单而有价值的解决方案吗？你是否考虑过采用新方式整合各方资源，开发新流程、新产品，感受新体验？你是否思考过“如何整合利用多种能力”这一问题？你对于探索未知的可能感到兴奋吗？

5. 你是不是正在利用非连续和混沌性？

6. 你的思路是与柯达公司还是苹果公司更为接近？你是否将颠覆性变革视作创造价值的首要机遇？你是否意识到只依靠搁浅资产将注定走向失败？

7. 你是否会连通网络关系？

8. 你是否会将自己或所在组织视为错综关系网上的一个节点？你是否会想方设法建立这类关系网络？你是否能灵活运用线上、线下关系网络的力量？

9. 你是否懂技术？

10. 你是否能跟上技术发展的步伐，识别出有助于自我提升的新方式？你能否利用科技来简化生活，而非将其复杂化？

11. 你是不是在变革到来之前率先做出改变？

12. 你是在变革到来之前率先做出应变加并以适应，还是如同“碰撞试验假人”一般，一次次地受到冲击，成为困境的牺牲品？你是否注重释放与重组？你能否把控局势，而非随波逐流？

成为自信的盈利者

我们生活的时代伴随着诸多拐点堆叠而成的加速变化，这样的环境常常使我们感到心烦意乱。这不足为奇。无论我们是否积极关注这样的环境，焦虑感始终会伴随左右。这些变化普遍存在且影响深远，我们不得不铭记于心。87%的高管同样意识到了这一变化趋势，但并未对新市场在全球范围内的剧烈变化做任何准备，当然无法从容应对。他们若是“30日工作”故事中的主人公，可能更倾向于第一种选择，也就是一次性领取100万美元的报酬。

然而这并不是最佳选择。颠覆性时代需要的是基于真正弹性的变革理念。也就是说，要在颠覆性变革到来之前率先改变自己，而不是面对变革退避三舍，期望恢复原样，或盲目地试图冲出困境。在颠覆性变革时代，陷入管理适应性衰退或患上“碰撞试验假人综合征”并不是领导者的明智之举。真正明智的领导者应当利用指数效应以及增长拐点，在“工作30日”后，选择月底一共领取一千多万美元的方案，实现财富的指数级增长。

这样的领导者对于指数级增长中拐点的出现必定满怀信心。

第二章

行动战略法则：极速颠覆下的战略法则

行动战略法则简介（SiA）：

一种引导我们利用自发性认知工具在复杂、混沌、飞速发展的现实环境中制订战略的法则

那些能够区分轻重缓急并善于简化判断和决策的人，才是真正的行家。

——爱德华·德·波诺

享受飞行的五大准则

在2008年出版的拉塞尔·班克创作的小说《保护区》开篇，海明威式的主人公乔丹·格罗夫斯带着情人瓦内萨·科尔乘飞机飞跃阿迪朗达克荒野。众所周知，高空环境会使肾上腺素飙升，从而更易激发爱情。当飞行高度达到685米时，乔丹邀请瓦内萨试驾。她驾驶了飞机，乔丹给她上了第一堂飞行课。

"你真的从未驾驶过飞机吗？"

"从来没有！"

"好吧，记住五件事！五大准则！"乔丹说道。

瓦内萨笑了："只有五条？"

"观察！思考！计划！执行！放弃！如果无法执行，你就要放弃，重新观察。"

"好吧，你恐怕是疯了！"瓦内萨大叫道。

乔丹到底有多疯狂？而瓦内萨进入飞行角色，了解这五大准则的速度也非常快。毕竟数小时前，她还在湖边漫步，享受美景。

乔丹告诉瓦内萨，首先应该观察的是这架双翼飞机所处的高度、方位及飞行速度。瓦内萨照办了。她注意到洒满月光的俱乐部楼顶、附近几处更小的建筑以及宽阔的高尔夫球场，接下来是黑漆漆的森林，远处还有绵延的山脉和点缀其间的哨所。有山，瓦内萨突然意识到。她谨记第二条准则——思考。她认为飞机的飞行高度不够，于是她计划增加飞行动力，提升飞行高度。然而，在执行此操作后，飞机仍然未能达到避开山峰所需要的速度及动力。乔丹知道，她必须放弃计划，向右飞行。瓦内萨在最后时刻变换了方向，此时她唯一能够选择的飞行路径是从一片松树林的缺口处横穿出去。乔丹指着缺口，示意她认真观察。

他们成功地穿越了松树林。乔丹重新接管了飞机，这时瓦内萨早已将这五大准则熟记于心。

行动战略（SiA）简介

如果你了解那些自然发生的事，便不大可能失败。

——巴克敏斯特 · 富勒

我们都知道自己生活在颠覆性时代，指数级变化对生活的影响不容小觑，我们也在尽力理解这样的变化。如同瓦内萨一样，我们事先毫无准备，缺乏经验，但飞机正全速飞行，生死攸关。无论你是否乐意，操纵杆此刻就在我们手中。

在这种情况下，我们需要的是像乔丹所说的“五大准则”一样精简、直接的飞行指南。这些准则看似简单，却能有效应对飞机飞行中的意外情况。实际上，这是一个具备自我修正能力的逻辑循环，也是一种海明威式的英雄在爱情面前依然对飞行保持理性、沉着的行为法则。

乔丹对此法则非常热衷，我们又何尝不是呢？

在过去的二十年中，“Resilient Futures（弹性未来）”一直与企业、政府组织保持着合作关系。众所周知，在近十年里，各类组织逐渐意识到了颠覆并制订了相关规划战略。在此期间，我们发现人们的应对方式五花八门。

我们遇到过一些胆怯、消极的人，也遇到过一些精益求精，以维持所剩无几的边际利润的团队。我们还遇到过一些领导者，他们对制订战略表现得不以为然，又在面对有违常态的变化时畏缩不前。我们目睹了一些人对于制订战略以应对变化的困惑、否认和抵制。但与此同时，我们也结识了不少杰出人才，他们在变化环境中取得的突破为我们探索战略思维方式提供了极好的素材。

凭借这些经验，我们塑造了一个独特的战略框架。与乔丹所说的飞行“五大准则”类似，该框架也由五部分构成。这个战略框架能够系统地反映出我们的本能行为。

我们将此战略框架称为行动战略，简称为“SiA”。行动战略由五个步骤组成，并遵循一定的逻辑顺序。这些步骤环环相扣，形成循环。当应对颠覆过程受阻时，这些步骤能够进行自我纠正，迅速重塑循环。

行动战略不仅可应用于被称为“微循环时间”的极短周期，还适用于较长的时间周期，可能是数周、数月，这取决于应对复杂已知环境所需的时间。行动战略现已应用于各类项目、战略部署、创新计划以及组织转型流程，甚至个人职业生涯的规划中。

依经验来看，任何人都能利用行动战略，特别是在别无选择时。

想象一下足球队是怎样训练的。球员们在掌握一项技能之前，教练会对动作进行分解并传授技巧。接下来，球员们需要在训练中将这些分解动作逐一串联起来，反复练习。这是一个有目的的、细致的过程。当他们正式上场比赛时，对这一技能的运用只需凭借肌肉记忆即可。实际上，当踢球过程中需要运用此类技能时，球员们会自发性地进行调整，以实现最终目标：赢得比赛。不可否认的是，足球比赛涉及的动态变化复杂多样，且时刻都在发生。技能娴熟的球员能够轻松自如地掌控场上的形势变化，享受比赛带来的愉悦。

与行动战略的运作原理如出一辙，一旦熟知原则并掌握技巧，上场后你便能胸有成竹，对复杂变化了然于心，从容地进行有效调整。最终整个团队将取得令你引以为傲的胜利。

实际上你已经具备了行动战略思维，这是一系列自发的日常认知工具。其实，你每天都要运用到这些工具，只是可能没有意识到这一点。你会本能地对环境进行观察，制订策略，付诸行动，并且具备随机应变的能力。比如，当你和朋友一块儿烧烤时，你会时时观察天气，在骄阳似火或是乌云密布时搭起帐篷，以免影响大家的兴致；当你遛狗过马路时，你会左右张望，然后按下人行道边的按钮，示意车辆暂停通行。你也会根据是否有其他遛狗者或爱犬跑动的速度适当调整手中狗绳的松紧。

知己知彼：你还能想到行动战略的其他日常应用实例吗？

客观地说，你是一个相当敏锐的战略家。你熟悉环境或情况，权衡机会与风险后，有能力创造价值，并且总是一针见血、行之有效。

相比于日常自发性的行动战略，你需要下意识地在团队、部门或者组织等更为复杂、抽象的环境中拓展运用此类认知工具。我们发现，天生具有较强战略直觉的人确实会这么做，即使他们完全没有意识到这一点。组织每天都会面对各种变幻莫测的复杂情况，这些天生的战略家在处理这些情况时，会本能地使用行动战略，自然而然地想到行动战略。而对于我们这些缺少战略直觉的人来说，在迅速变化又复杂抽象的情境中运用行动战略也并非没有可能，只是需要进行系统的观察和学习。首先，我们需要通过实践将其内化，形成惯性思维方式；接着，将其扩展应用到相关团队及部门中，从而在整个组织中实现制度化。

这就是我们创建这一战略框架的原因。我们希望帮助人们培养行动战略的思维方式，将自发性认知工具应用到更为抽象、复杂的环境中，例如，在指数级变化环境中，促进团队协同合作，从而实现战略目标。行动战略适用于任何规模及目标产出的统筹安排。

SiA五项准则：适应变化速度的战略

如果说乔丹制订飞行准则的目的是防止坠机，那么我们制订行动战略是为了帮助团队及领导者利用颠覆性变革创造可持续价值。

请务必谨记这一点：行动战略有助于领导者将指数级变化视为机遇，而非摧毁价值的危机。

在第三章至第七章中，我们将详细阐释每一条准则，在此仅做简单概述。总的来说，行动战略包括以下几方面内容。

- 观察、了解并持续监控实时和潜在环境条件；
- 感知这些环境条件所蕴含的战略机遇–风险；
- 识别你以及团队从战略机遇–风险中能够获取的可持续价值；
- 确认你以及团队创造可持续价值所需的相应能力；

· 开展催化行动，促进创造可持续价值能力的产生及应用。

以上五项准则依次完成后，再返回第一项准则进行调整与纠正。我们在观察相应环境条件并适应环境要求后，再对行动战略进行相应调整。

行动战略时刻处于循环往复中（图2.1）。

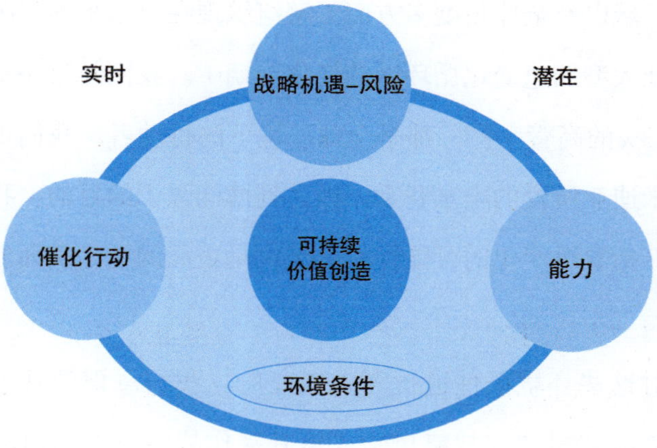

图2.1 SiA法则：环境条件、战略机遇-风险、可持续价值创造、能力及催化行动

行动战略中所提及的相关术语均在与团队及其领导者的合作过程中形成，涉及众多组织策略及变化领域。尽管有些表达听上去比较拗口，但都源于常用词语的本义，并不涉及引申义。“机遇”即其本义，“风险”也一样。我们将以上两个词语结合起来，目的是强调任何机遇中都暗藏风险（反之亦然），称之为机遇-风险，但其本义依然未变。“价值”和“能力”两个词语同样如此。我们在行动战略中所使用的词语

和你平时常用词语并无差异。在第五项准则中，我们用“催化”与“行动”描述这一短暂而迅速的步骤，二者结合，催化能量，协同高效。

第一步：了解实时及潜在环境条件

我们需要对实时及潜在环境条件进行评估，从内部、本地、区域以及全球角度多方面了解组织现在及未来的状况。我们身处大型加速变化循环网的变化周期中。我们与第一章中提及的13%的高管一样，都是全球环境下的行动者。我们正在建立奥米迪亚所说的丰富联系，以达到博闻强识的目的。我们还关注着指数级变化的可能性——无论是正面的还是负面的。

第二步：感知战略机遇-风险

对这些环境条件进行深入探究后，我们意识到其中同时蕴涵着战略机遇与战略风险，将其视作战略机遇与风险的结合。我们设想战略机遇-风险能够产生的价值，并从中选择想要积极追求的价值。我们深知，只要我们能够正确地对每种战略机遇-风险中的风险部分进行管理，那么任何即将发生的颠覆性变革都将成为我们创造价值的绝佳机会。

第三步：识别价值

我们更加细致地观察身边的战略机遇-风险，以便寻找那些能够为我们创造不可或缺价值的机遇。这种价值必须是可持续的，并能同时为组织内外带来效益。我们适应颠覆性时代最好的方式便是源源不断地创造价值。

第四步：确认能力

我们为行动做好了万全准备。对于如何利用机会、管理风险以及产生可持续价值，我们了然于心。随着机会与风险的涌现，我们开始从其他角度审视自己，并深谙在颠覆性变革到来之前，该如何率先做出改变。创造可持续价值需要培养的相关能力已经得到确认。

第五步：开展催化行动

若要从战略机遇–风险中激发价值，我们需要开展催化行动来促进相关能力的培养及运用。我们不断提升实力，建立必要的关系网，期望从颠覆性变革的巨大力量中获得丰硕收益。我们充分利用各种能力，使其协同合作，为主宰命运做好准备，而非对已经构建的一切进行破坏。

在实际运作中，这些步骤不断循环往复，就好比驾驶飞机时，你会不断观察周边环境条件以适时调整航线，并且时刻查看飞机仪表盘、观察机身下方地形或前方的飞行条件。只有当以上五条准则持续循环时，行动战略才能真正奏效。

那么，当这些准则未能环环相扣、持续循环时，你又从何而知呢？

你会发现从某一时刻起开始迷失方向；你能够创造的价值锐减，所具备的能力无法应对当前形势，所采取的行动没有达到预期效果；你会遭受那些意料之外的非连续打击；你的团队成员可能会出现“碰撞试验假人综合征”的症状，你所在的组织甚至开始出现管理适应性衰退的征兆。

知己知彼：你所在的组织上一次出现上述情况是什么时候？现在你能将其与团队战略问题联系起来吗？

行动战略的五项准则必须环环相扣、协同合作，以保持方向明确。这也是行动战略需要遵循的首要原则。

要想创造可持续价值，战略机遇-风险、能力、催化行动必须与内外环境条件均保持同步与高度一致。

这就是我们所制订的行动战略。当你和我们一样频繁运用这一战略时，它自然会转化成你的第二天性。它的运行速度完全满足我们的要求——换句话说，它能追得上颠覆的速度。应用行动战略也是思维敏捷的体现。

这是传统战略规划流程无法企及的。

从容规划

我们总是受到传统的庇护。当思想也受此庇护时，它已走向腐朽。

——吉杜·克里希那穆提

可以毫无顾忌地说，行动战略与我们熟知并感到厌倦的传统战略的规划流程截然不同。行动战略是特别为颠覆性变革时代量身打造的，在这一时代，新技术推动了连通性、复杂性、混沌性在加速变化周期中的运转速度。依照我们的经验，传统战略很难望其项背。传统模式充其量能够帮助我们确定大致行动方向，但其部署的战略往往不相关，且缺乏足够的驱动力及敏捷性来激励、调整、调动团队。至于原因，我们下面会详述。

传统战略规划一般以五到十年为一个周期。战略如巨轮泰坦尼克号一般宏伟壮观，与此同时，也需消耗大量资源。一旦启程，其便很难转向掉头。一般来说，传统战略规划的制订需要考虑以下三个问题：我们想要去往何处？我们现在身在何处？如何缩小两者间的距离？

这些疑问合情合理，并且对于战略规划的制订有明确的导向作用。为了达到预期效果，我们需要处理、应付当前形势。传统战略规划过程存在的弊端是：它引导我们将以上问题完全割裂开来看待，无视相互之间的关联。

过去、现在、将来都能进行清晰、明确的划分。这也未免太过简单了。

显而易见的是，这种单一线性的规划方式已无法满足当下这个时代的要求。这些我们曾经熟知并被动接受的传统战略规划流程已不再适用于我们现在所生活的世界了。

第二次世界大战后，现代战略规划流程成了一种商业文化，这得益于第二次世界大战期间军事家们将战术上的头脑风暴推向了新高度。在军事领域，战略规划是一个确定预期结果、收集情报、部署（并主导）特定战术行动的过程。将领们凭借对军事史的深入了解及以往作战经验，制订出有效计划。此时，既往经验对于指导当前或未来的行动有着前瞻性作用，毕竟在20世纪40年代，战场大同小异，无天壤之别。

从第二次世界大战时期到20世纪80年代，商业战略文化对过往经验一直保持着“言听计从”的态度。一个典型的战略规划过程遵循一系列精心设计的步骤，安常守故，以至于整个规划如同宗教仪式般恪守成规——确定目标愿景、观察环境条件、分析差距、设定目标、审查进度，如此往复。

在此过程中，“目标愿景”的确定通常基于一张普通的“愿望清单”，各个组织的“目标愿景”也大致相同。制订的计划以对所处环境每年一次的审视为依据，缺乏对组织情况及时、有效、实际的分析了解。各种现实的繁杂情况日复一日地困扰着战略执行者，久而久之，战略无法推行下去，也就被搁置下来了。

知己知彼：回想一下你所在的组织设置的“目标愿景”，它们真的能够经受住时间的考验吗？

传统战略规划过程往往会强化商业文化的等级划分。花费若干年时间精挑细选出决策者，然而其制订的目标愿景几乎与世隔绝。这就如同高管们投入冗长的时间精心设计了舞步，而真正轮到他们上台时，预先设计好的步伐与观众所期待的演出大相径庭。其团队成员不以为意地耸耸肩，自顾自地退回原位，因为他们还有其他工作要完成。

“战略规划”常让人想起高管办公室书架上尘封的活页文件夹。产生如此联想的原因，很大程度上是因为传统战略规划的制订与实施很难保持一致。制订真正行之有效的战略规划，需要依靠能够时时运用行动战略的团队，而不是办公室里闭门造车的高管们。

我们的理念在军事领域也逐渐得到认同。战场上的优秀将领们已经意识到，20世纪筹备、组织、执行的这一套军事战略已为时代所淘汰。当四星上将斯坦利·麦克里斯特尔于2004年接任驻阿富汗联军指挥官一职时，他清楚地意识到，若采用常规军事战略，他的部队必将败北。

若想击溃基地组织，他必须率领军队采用与敌人速度、灵活性相匹配的作战方式。麦克里斯特尔将其部队分散，形成网络。网络上的每一处军事力量均有权根据已知条件、风险、机遇果断采取行动。用麦克里斯特尔的话来说，这是一个“由小团队组成的大部队”。正是这样扁平、迅速、灵活的编队形式，使得麦克里斯特尔率领的军队成功击退了敌人。

“蜥蜴脑”与“空壳”

我所学到的是，人脑的进化是至高无上的荣耀。而我认为，从生存角度来说，这却是个相当落后的过程。

——库尔特·冯内古特

如果你想深入了解行动战略与传统战略规划过程的差异，不妨对比一下爬行动物与哺乳动物。

爬行动物出生时虽幼小，但已基本定型。它们破壳而出，很快便展现出爬行动物的习性。爬行动物的大脑不具备边缘系统及执行功能，仅能控制一系列初级行为的本能反应——进食、争抢、繁殖等，循环往复。它们并不具备后天习得及创造新技术的能力。

哺乳动物则截然不同。哺乳动物出生后依然与母亲保持着依赖关系。母亲长时间陪伴幼儿，并不断开发它们复杂的大脑。哺乳动物受到的照顾周到与否——也就是母亲对幼儿学习刺激的反馈程度，将直接决定哺乳动物的发育是否完备。一个好母亲会帮助幼儿习得一些相比于蜥蜴等爬行动物更高级的行为，以便幼儿能够在复杂微妙的世界中茁壮成长。

传统战略规划的制订就如同爬行动物的成长过程。当新制订的战略规划被当作完全成形的、适合任何条件的规划加以执行时，规划者们实际上就选择了“繁育爬行动物”。

而经历过更高级别进化的战略需要与“母亲”保持密切

联系。也就是说，产生规划过程的环境条件（行动战略的第一步）在战略发展与执行的过程中仍保持着举足轻重的作用。环境条件时刻伴随行动战略，持续反馈、指示、调整、变化均来源于此，这才称得上“行动中的战略”。

颠覆战略是一个基于实时反馈的循环过程。在行动战略中，经过环境条件的持续引导，制订的战略将更加灵活敏锐。

柯达公司这类传统企业可能会说：“科莫多巨蜥是何等伟大的爬行动物！它们体形庞大健硕，凶猛得能够吞下一切，必将成为霸主！我们要做的就是将其孕育孵化出来，然后任由它去吧。”

而一些思维敏捷的战略家会说：“环境在不断变化，此地不再宜居，我们需要撤离。幸亏这些先进的社会组织技能能够帮助我们抵达另一种截然不同的环境。感谢上帝，我们一直在进步。大脑万岁！”

请牢记首要原则。行动战略法则环环相扣，循环往复。我们无须制订进食、争抢、繁殖等循环往复的爬行动物战略，而应效仿哺乳动物的进化策略，不断接受反馈，以便在更具复杂性、连通性、混沌性的环境中维持生存，促进繁荣。在如此条件下，颠覆性变革是定律，而非例外。

我们之所以如此，是因为当下的生活节奏比之前五到十年的发展循环速度快得多。同时，我们意识到，我们身处复杂而快速变化的环境中，如同赛场上的足球运动员一般，无法以机械、教条的方式学习战略技能。应对影响如此巨大、变化迅速的颠覆环境时，我们要积极接受反馈，并进行实时调整。一旦各个步骤相互脱离，我们无法实时了解变化的环境条件，悲剧就会发生。若你学会时时“查看状态”，确保行动战略与首要原则保持一致，便能适时做出调整，进而走向成功。

你的战略正处于哪一发展阶段呢？

泰坦尼克号的“以旧换新”

在过去的几个世纪中，各类组织和团体如同在相对平静的海面上航行的船只。在一段时间内，维护船只需要应用娴熟的航海技术：整理船帆、修理船体、擦洗甲板等。远方舒展的地平线一览无遗，地图完好无损地存放在甲板下，航线可能早在启航前就已经规划妥当。当然，这些船也会经受暴风雨的侵袭，但恶劣天气只是偶尔出现，并非常态。

如今的我们处于一个无法“想当然”的时代。天气持续变化，一波波汹涌的海浪使得海面早已告别了风平浪静。在如此环境下，单纯依靠维护船长与船员们深爱并信任的船只已不再是航行的最佳选择。有时，船员们不得不使用船上的材料建造新的船只，以使航行更加顺利。他们需要具备敏锐、灵活的能力，有时甚至需要学会冲浪，以征服滚滚波涛，而非受其制约。用托马斯·阿奎那的话来说，如果船长们像柯达公司的高管一样，最高目标只是保护船只的话，那么他们最好把船停泊在港口，永远不要出海。

航海过程中不受风浪等恶劣天气影响也并非毫无可能。如果你的船只能够修正航向，这将成为一段值得享受的旅程，你可以随时感受到水波的律动。

我们需要一种相比以往更为灵活、敏捷的战略框架模式，以管理颠覆性变革风险，并获得收益。值得庆幸的是，在此模式下，敏捷性与简易性并驾齐驱。这意味着操作起来不像听上去那般复杂。

想象一下巨轮泰坦尼克号，再想象一下冲浪板，你正在用一艘陈旧的庞然大物交换一件干净、灵活而又节省空间的航海工具。

行动战略与传统战略的最大不同在于，行动战略强调在颠覆性变革到来之前率先改变，并做适时调整。大致来说，这需要保持部分重要行为习惯的一致性，平衡一系列理论与实践的关系，使其发展如同脚踩冲浪板乘风破浪般顺利、自如。

颠覆近在咫尺，何不好好享受一番？

第三章

身临其境：学会应对瞬息万变的世界

为何将评估环境条件作为行动战略执行的启动步骤？

如何更好地理解并缩小认知差距，以免陷入颠覆的泥淖？

对我来说，地缘政治问题变得越来越重要。如果你对地缘政治一无所知，对经济谈何理解？人们认为经济学家只会纸上谈兵，这是十分狭隘的谬论。

——努里埃尔·鲁比尼

“荒野之声”

2006年，经济学家努里埃尔·鲁比尼获得了一个“名不副实”的称号：末日博士。2006年9月7日，这位“末日博士”站在纽约大学的讲台上告诫国际货币基金组织的经济学家们，美国经济将陷入困境。如他所见，房地产市场正处在崩溃的边缘，石油危机迫在眉睫，消费者的信心很快将要消耗殆尽。他认为经济衰退即将来临，并非大多数同人所预计的“无伤大雅的小问题”。鲁比尼向他们保证，这将是一次经济“硬着陆”。

鲁比尼走下讲台后，迎接他的只有睥睨与窃笑。大多数人的态度是：那些只是鲁比尼的个人观点。他是个病态的悲观主义者，只会设想最糟糕的状况。此外，众所周知，他所采用的是一种非传统分析方法，相比于数学模型，更多地依赖对历史先例与全球动态的全面掌握和了解。他的思路过于宏观，缺乏关联性，更没有充足的依据作为支撑。

经济“硬着陆”？并没有人把它当回事。

2006年，我在美国东海岸的一个城市生活，向致力于社会及经济发展的各类组织与团体传授行动战略法则。虽然其中大多数为失业率高且收入、社会地位低下的社区团体，但它们的成员有意愿改善自我或家庭的未来，因此对行动战略的需求很强烈。社区中的很多居民是来自贫穷国家的非法移民，为了维持生计，他们经常同时做两三份兼职。

一天，我带领其中一个小组完成了行动战略法则中的第一个步骤：评估环境条件。小组成员们讨论了影响社区生活及工作质量的一系列因素。

其中一名成员这样说道："虽然这儿有很多人贷款买房，但从长远来看，他们根本负担不起。"一番追问后，我发现这便是所谓的"掠夺性贷款"行为。另外一些人也表现出对此类贷款行为的关注与担忧。

在过去的二十年时间里，我亲自参与完成了近千例环境条件的调研分析，每种环境条件都有与众不同之处。有些条件与组织、团体、社区密切相关；有些条件脱离相应模式而独立存在，脱离程度也不尽相同。这些环境条件往往难以预测。而"掠夺性贷款"作为"未知条件因素"如此受到关注，我决定对其进行更为深入的分析研究。

我发现在工作过的几个社区中，次级抵押贷款机构向社会经济地位低下、缺乏或没有贷款经验的贷款人发放"无息或低额"贷款的行为相当普遍。这些贷款人要么上当受骗，要么"被贩卖"来签署信用信息并不可靠的抵押贷款文件。更糟的是，抵押贷款对于利息的延缓收取让借贷人极易产生对所有权与安全感的幻想。显而易见，他们并不具备购买房产的经济实力，当真正开始计算实际利率并要求借贷人按期支付时，除了违约，他们别无选择。

我还发现，以上情况在其他州并不多见，大多数所谓的“骗子贷款”造成的影响均体现在地方层面。这意味着人们可能将被迫遭受离开购置的新家而流落街头的境遇。现在回想起来，这只是真正大规模颠覆性变革的开始。

在接下来的几个月里，我阅读了《纽约时报》上的相关报道，其中明确指出：次贷危机已经开始由地区性问题发展为全球性灾难。

其中一篇报道用通俗易懂的语言阐释了即将到来的危机：次级贷款与优质贷款被捆绑包装成担保债券凭证（CDO），出售给全球投资者，没有人能够有效区分，这最终将导致担保债券凭证市场陷入困境。《纽约时报》在2007年8月19日出版的报纸上刊登了对全球次贷危机的最后一次预警。该报道以信息图表的方式清楚直观地表明：一场全球性的危机即将降临。

我曾与银行、政府以及社区相关人士讨论过此类问题。我问他们：“我们该如何弹性应对次级抵押贷款导致的担保债券凭证市场崩溃？”他们的答案出奇地一致：“这种担心纯属多余，那种情况不可能发生。”

经过短短的不到一年的时间，全球金融危机真真切切地降临了。那时我已从美国回到了澳大利亚。我依然记得，在

2008年9月的某档电视节目中，澳大利亚一家主流银行的首席执行官借“管理适应性衰退”之名为经济泡沫的破灭以及20亿美元股东资金的损失进行辩解：“没有人能够恰合时宜地预见此类现象。”

如果当时手里握着一块砖，我可能会气得把电视砸了。

来自非连续的威胁

在之前的内容中，我们已经探讨了指数级变化。我们生活的世界如同一个高度连通、复杂且混沌的网络，正经历着持续加速的变化周期。尽管只通过一本书很难预测颠覆性变革时代的水有多深，但我们愿意“试试水”，看看“水质”是否良好，“水温”是否合适。从威尔逊的3D打印手枪“解放者”，到全球13%的优秀高管，我们已经大致了解了时代发展的部分趋势。正是这些趋势，将带领我们跨入指数级颠覆性时代。

如果说连续是我们所期待的状态——不断创造价值、强化基础，实现长期繁荣，那么非连续便是我们最不愿看到的状况，即偏离路线、破产违约、崩溃放弃。次贷危机可能是最为典型的不连续案例了：全球经济“列车”完全脱轨，将车上的“乘客”和“货物”一并甩出车外。

无人相信“鲁比尼预测”的教训警示着我们：维持连续

需要我们耐心倾听、细致观察。不管水面如何波涛汹涌，我们都要相信自己具备应对的能力。

连续的产生源于能够读懂现象并接收信号——这可能比我们想象的信息量要大。当然，这也意味着多倾听不悦耳或不被重视的声音，即使这些观点听上去并不乐观，或者被大多数人认为抽象、违背直觉甚至格格不入。有时，人们只有从宏观角度出发，才能捕捉到他人意识不到的现象或问题。

我所寻求的执政理念是保持可持续性以应对颠覆与停滞，是前进而非倒退。我们必须将已经取得的成就保护好。我们不能把现有的一切置于风险之中，更不能赌上未来。

——纳吉布·拉扎克

知己知彼：你最近一次发现“预言成真”是什么时候？当第一次听说这种预言时，你是严肃、认真地对待，还是置之不理？为什么？

在上一章里，我们介绍了行动战略的简易法则，即通过实践，将按部就班的战略步骤转化为活跃的思想行为方式。现在，我们开始更加深入地探讨行动战略法则的第一步——了解实时及潜在环境条件。环境条件起着至关重要的作用，它不仅孕育了行动战略，还是推动整个战略进程有效运转的关键。

我们接下来将讨论读懂现象并接收信号，这也是实现连续所要迈出的第一步。

演员充当背景

我的故事前景是虚构的，背景却是真实的。

——居斯塔夫·福楼拜

“环境条件”是什么意思？《牛津词典》里的解释如下：“某种事物的状态，尤指其外观、工作秩序的状态，或决定人们生活及工作方式的一系列情况。”但在词典的补充释义中，本词也可作为动词“决定”或“以……为条件”使用，指“对结果产生重大影响”。

知己知彼：快速思考如下问题——当一个五岁的孩子跑来问你“环境条件”是什么意思时，你会如何作答？

值得肯定的是，“环境条件”一词的动词和名词的特性更加强调了概念本身中的一些重要含义。打个比方说，“环境条件”可以看作适合于各类不同演出的静态背景。但背景也会在戏剧演出时突然活跃起来，伸出臂膀，走到台前，要求参与演出，扮演角色。“环境条件”看上去似乎是静态的，但实际上，它也是积极的参与者。这是一个动静结合的概念。

类似天气这样的环境条件，在被列为我们需要应对的因素之前，通常不是被忽略，就是被视作理所当然。明媚的阳光会吸引人们走出办公室和公寓，暴雨倾盆则会破坏人们野餐的雅兴。正如内格罗蓬特所说：绵绵细雨可能随时变成瓢泼大雨。当你开始思考环境条件时，牢记它的双重性是很重要的——既是静态的，又是动态的。

环境条件的分类

显然，我们对“环境条件”一词的广泛使用使得这一概念看上去有些复杂。影响或定义组织及其状态的因素数量是否有限？我们该如何开始有效思考这个看上去如此庞大的概念？

我们将行动战略进行如下分解。

实时与潜在

首先要考虑的是环境条件同时具备实时性（一个在舞台上走动的演员持续影响着剧情的发展）与潜在性（舞台过大，背景距离太远，可能难以辨认）。实时性时刻存在，而潜在性可能会在将来有所体现。以天气为例，现在晴空万里、气温宜人，是个适合野餐的好天气；倘若此时天气突变，远处乌云滚滚，大雨随之而来，必将破坏野餐计划。

微观、宏观与超宏观（图3.1）

接下来，我们需要意识到，对环境条件的考量应从不同角度出发。我们可以从微观、宏观以及超宏观的角度出发，对不同类型的环境条件进行简单、明确的分析，并积极考量那些还未立竿见影的环境条件。

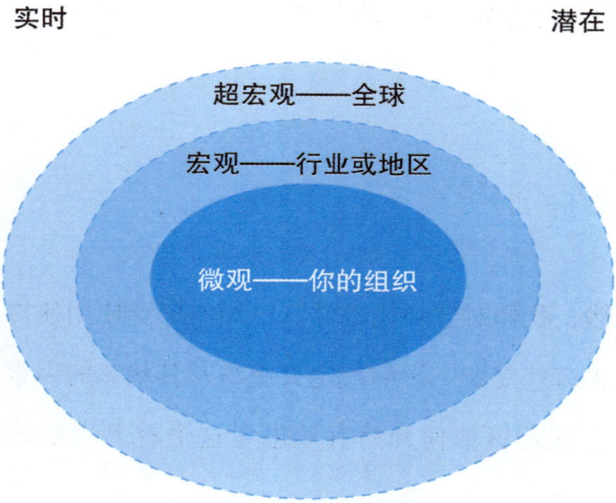

图3.1　微观、宏观、超宏观层面的环境条件：从不同层面衡量对组织产生影响的实时及潜在环境条件

微观是指你和你所在的组织所处的层面。各个组织的微观层面看上去可能有些类似，但本质上都是独树一帜的。你和你周围的人都处于特定环境条件和变化周期中，这些集群会遵照你的步调，以独特的方式连通为更广阔的网络关系。你所经历的环境条件，比如员工流动率低、信息技术人才高度集

中、销售团队萎靡不振、首席执行官即将退休，等等，都体现出了与众不同的微观性。在这样的微观空间里，你能够极其敏锐地感知环境条件。

据此你可以意识到所处的环境条件，并准确地描述出来。

知己知彼：列举一个当下对你影响巨大的微观环境条件。

从宏观层面来看，你所处的环境条件常与更为广泛、深层的环境条件有相似之处。各领域、地区、国家的力量在宏观层面得到施展。一场革新政府组织架构的选举、一部影响你及所在行业开展业务的新法律、一个新竞争对手……，你同样需要具备应对诸如此类宏观层面环境条件的经验。你可以从报刊上了解相关进展，并在社交晚宴上与他人探讨。你可以感知到宏观层面的环境条件，但通常不会像对微观层面的感知那样一针见血。

知己知彼：列举一个在过去六个月中对你所在的组织有过重大影响的宏观环境条件。

从超宏观层面来看，你需要拥有高瞻远瞩的能力，能够敏锐地察觉到指数级变化的“战车”正呼啸而来。超宏观是指全球性的共享环境条件。在此环境条件下，行业趋势横扫各国，改变人们的生活，而不会受到国家及政治边界的制约；在此环境条件下，互联经济体与信息系统引领着时代浪潮；在此环境条件下，单一的技术突破会产生多种衍生效应，带领我们进入崭新的时代。显然，在需要仰视的超宏观空间里，感知环境条件极具挑战性。随着不同层面的环境条件不断向外延伸，规模越来越大，内容越来越抽象，你不禁会感到视觉疲劳，理解力减弱。在超宏观层面，如果你想要时时感知到环境条件，就必须走出舒适区，寻求更为开阔的视野。你需要不断培养感知超宏观环境条件的意识，而不是盯着眼前那些所谓的变革者或无关紧要之人。

请牢记，全球金融危机是从地方一级产生，进而蔓延全美国，最终遍及全球的。在你和你所在的组织意识到它对地方产生的影响之前，危机事实上已经存在。如果我们无法积极观察、监测这个全球化、数字化、交易性世界的环境条件，未来只会给我们带来无法估量的严重后果。

知己知彼：列举一个在未来几年可能对你所在的组织产生巨大影响的超宏观环境条件。

价值中立

最后一点，也是至关重要的一点：请抛弃所有你已经具备的环境条件分类体系。大多数人似乎更习惯将环境条件按照“好”与“坏”的二分法进行划分。

这是一种百无一用的分类方法，会妨碍你做出合理、明智的决策。

我们对于环境条件常常缺乏正确判断。它们究竟意味着什么，我们不得而知。还记得我们探讨混沌性时曾说过一个人的非连续可能成为另一个人的连续，消极不连续经验很容易转化为积极连续性经验吗？正如第二章中提到的森林火灾一样，你可以将任何既定环境条件视作破坏环境的力量，抑或革新的动力。事实上，二者皆有可能，无论你倾向于哪一种观点，都很容易进行辩驳，但本质上其就是火灾而已。我们需要摒弃随手一挥就给环境条件贴上“好”“坏”标签的习惯，以免扰乱逻辑思维。“贴标签”的习惯要么让你产生一种机不可失、迫在眉睫的错觉，要么使你陷入为风险所困的无限焦虑之中，甚至有可能更糟——在命运之门还未关闭之时，你便放弃努力、听天由命了。

我们想要传递的信息是：真正了解环境条件，不要编造所谓的自我实现的预言。

知己知彼：列举一个你按照个人经验将其标记为“坏”的环境条件，但它可能是一个机会，或是一种你可以加以利用的颠覆力量。

摆脱给环境条件贴标签的习惯对你来说很困难吗？我们无从评价，但发展进步并非易事。值得庆幸的是，在行动战略中我们需要思考环境条件因素，这对发展进步大有裨益。

思考环境条件

探索这些基本法则靠的不是逻辑思维，而是直觉。直觉能够帮助我们感知表象背后的规律。

——阿尔伯特·爱因斯坦

2002年，时任美国国防部长的唐纳德·拉姆斯菲尔德被记者问及对于“伊拉克政府与恐怖组织的联系缺乏确凿证据”这一观点的看法时，他凭借一段拗口的“名言”，一举荣获“简明英语运动组织”颁发的“不知所云奖”。

面对民众对伊拉克战争即将爆发的恐慌与厌恶，他斟酌了美国人民的死敌——伊拉克政府持有大规模杀伤性武器的可能性。他说：“我对那些说某事还未发生的报道总是很感兴趣。因为正如我们所知，有些东西是已知的，也就是我们已经知道的。我们也知道存在已知的未知，也就是说我们知道有些东西我们不知道，但也存在未知的未知———那些我们不知道的未知的事情。纵观我国和其他自由国家的历史，其他国家的往往更为曲折。”

撇开地缘政治的托词不谈，我们不禁要向拉姆斯菲尔德致敬，他将“认知领域”这一极其微妙的概念上升到了全新的高度。尽管我们能够理解简明语言的拥护者对其语言叙述方式的担忧，但不得不说，拉姆斯菲尔德的观点是正确的。这里当然不是指关于大规模杀伤性武器的观点（该观点大错特错）。另一方面，他对认知类型的划分十分精准。这样的哲学逻辑在一场广受瞩目的国防部新闻发布会中并未得到有效传达。

我们不妨这样想：如果你可以像拉姆斯菲尔德那样对认知进行分类，把已知和未知划分开来，用饼状图表示的话，你会如何标记图中的不同区块？每个区块将占据多大比例？我们画了一个样图（图3.2），以供参考。

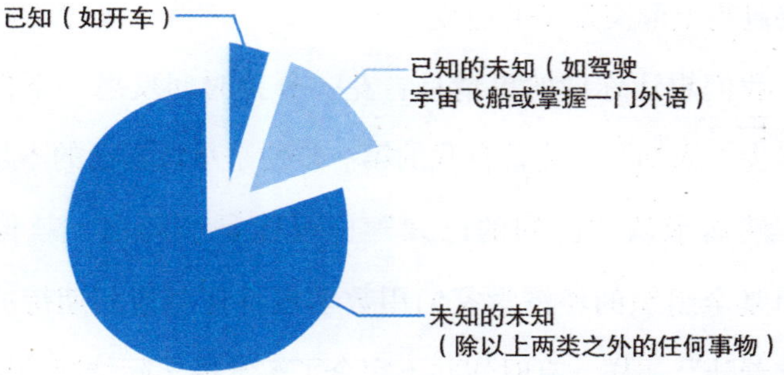

图3.2　认知领域：用示意图描述我们所能获得的所有知识的概念

人的思维如同宝库一般，但“宝物”需要分门别类地存放：有你已知的，有你知道自己未知的，也有你不知道自己未知的。拉姆斯菲尔德关于认知的观点完全正确（虽然有点含糊）：那些未知的未知最为棘手。超出认知范围的信息常常给我们出其不意的一击，比如巴格达爆炸事件。那么，从俯瞰的角度审视自己的思维有什么意义呢？这些概念看上去是否有些抽象？你是不是如同国防部新闻发布会上那些摸不着头脑的记者一般，对此表现出不耐烦？

正如我们所强调的，行动战略需要你重新审视战略方法及手段，以便更加灵活地应对颠覆性变革时代。归根结底，这是思维方式的升级。请记住，这是在动态领域进行肌肉记忆，而非坐在相对封闭的办公室里，按部就班地执行惯例。对我们而言，“对于思维的思考”虽然是个空泛的哲学问题，但在理解行动战略上起着关键的作用。也就是说，制订战略的速度要赶得上颠覆发生的速度。

我们想让你做的事情是：花一分钟时间反思一下自己还有多少“未知”。完善自我的第一步便是承认自己的不足。

然而承认“已知的已知”也可能是个问题。就像国际货币基金组织的经济学家们用数学模型证明他们期待的经济“软着陆”一样，有时你并不完全了解掌握实际情况的困难有多大。你无法完全掌控已知，因此会感到无能为力。

认知科学家安德鲁·史图尔曼最近的研究结果表明，即使先进的科学教育也无法完全消除我们对那些似是而非信念的固执。在这项研究中，史图尔曼向诸多大学理科学生提出了两个地理方面的问题：地球是否围绕太阳转？月球是否围绕地球转？大部分学生都能正确回答这两个问题，然而在回答已知答案与直觉或者“天真的想法”相悖的问题时，他们会有所停顿、犹豫，毕竟太阳和月亮看起来都像是在围绕地球运转。

在上述案例中，我们不得不相信一些看上去没有可信度却已经得到科学证明的事实。这样一来，似乎是眼睛欺骗了我们。史图尔曼的研究表明，虽然我们掌握了一些经过科学验证的事实，但如果凭借直觉或经验不能判别其正确与否的话，我们在潜意识里对相信这些事实总是感到有些困难。

还记得在第一章中我们讨论的认知偏差问题吗？当然，还有人们倾向于采用固定行为模式、因为更希望刺激能够产生立竿见影的效果而忽略指数级因素等问题。很多原因促使我们需要牢牢把握那些可能与我们“认为的已知”相悖的事实证据。

当“末日博士”鲁比尼公开表达对未来经济“狂风暴雨”的担忧时，美国经济仍处于增长中，失业率和通货膨胀率都很低。虽然油价有所上涨，房地产市场趋于疲软，但这些现象似乎还不足以预示经济崩溃。因此，大多数经济学家并不赞成鲁比尼的观点。他们认为，这些迹象所预示的是温和衰退，即经济的强劲增长稍有回落。鲁比尼试图让那些经济学家相信，他们的直觉完全违背事实，可是他们无动于衷。

管理适应性衰退在某些组织文化中尤为突出，这些组织通常拒绝承认或难以理解违背直觉的观点。虽然这些观点确实难以置信，但恰恰是真实的。有些组织目光短浅，只追求短期增长模式，忽略了管理适应性衰退才是问题的关键所在，正如那些担保债券凭证一样，金玉其外，败絮其中。如果无法深入审视鲁比尼所经历的高深且抽象的潜在环境条件，我们便很容易满足现状，沾沾自喜。虽然组织的实际现状是我们必须考虑的因素，但对于直觉，我们也应该相对客观地看待，这样的思维方式将有助于我们在相对独立的因素之间建立启发性关联。

你和你所在的组织应当积极、全面地探寻各种未知条件，纵观全局，寻找那些来自外部、从超宏观层面渗透进组织微观层面的环境条件。这些环境条件是“未知的未知”领域向我们传递的微弱信号，且通常比我们想象的更为重要。

知己知彼：在何种情况下，组织会因否认潜在环境条件而出现管理适应性衰退？哪些不确定的直觉或联系可能比你想象的更为重要？

我们都需要应对某种类型的信息缺失，即使是你认为的“已知信息”，也可能不甚完整。事实上，你可能还没有意识到，那些“未知的未知”持续冲击着你和你所在组织的经验。有时稍不留意，我们便有可能产生虚假的安全感，进而引发管理适应性衰退。

偶尔你也会觉得，事实真相往往违背直觉，难以解释。你可能还会发现“未知的未知”领域中的另外一种存在类型，即“从理论上来说我知道，但并非我主动想要了解”。这样的问题确实存在，但并无大碍。再次重申，承认问题是寻求帮助所要迈出的第一步。

帮助源自何处？近在咫尺，就在你身边。

创造思考环境条件的文化

在艾比·哈里斯（化名）刚担任某代用燃料工业协会的首席执行官时，她给自己与董事会设定了六个月的期限。如果在此期间他们无法共同制订出合理可行的战略计划，她将另谋高就。当时该协会的首席执行官一职已经空缺半年之久。协会董事会与管理层常在战略方向的选择上出现分歧，缺乏明确的价值主张。正如哈里斯所说："他们并没有就战略问题进行过深入、细致的探讨。"

哈里斯在几年前便接触到了"Resilient Futures（弹性未来）"，学习了行动战略，也是此战略的拥护者。因此，当接手这一推动该协会走出困境的棘手工作后，她联系了我们。经过为期五个月的利益相关者访谈以及信息收集，我们最终与董事会共同探讨了协会所面临的问题。凭借我们对环境条件的全面分析概述，协会真正的价值主张瞬间清晰了，而这与大家之前所讨论的价值主张相去甚远。

协会成员意识到，他们完全忽视了宏观环境条件的动向，而恰恰是这一点，对协会相关事务产生了重大影响。政治变化与政策发展理应受到密切关注。在需要对全行业状况进行分析探讨时，他们却局限于对协会自身内部状况进行讨论。在认识到以上问题后，他们重新明确了协会的价值主张，并据此迅速确定了未来一年的重点项目。这些项目需要额外资金的支持，凭借能够为利益相关者创造价值的可靠事实证据，他们轻松地从投资人那里获得了资金支持。

“思考环境条件”使协会产生了新的发展势头，并帮助其创造了新文化。一旦政策有所变化，该协会便能够有目的、有准备地应对。正如哈里斯所说：“突然之间，我们有了明确方向。”

如果有很多事情你不知道、不理解或意识不到，将极有可能使组织脱离正常发展轨道，陷入非连续的困境。面对这样的情况，你该如何处理？该如何保护自己免受无知与短视的伤害？即使你拥有关注实时及潜在环境条件的意识，又该如何确保自己在这个复杂的指数级加速变化时代，时刻保持对信息的准确掌控呢？

首先，你要明白的是：不能单枪匹马地工作。即使将传统意义上的“环境扫描”任务下放执行，你也不应大量削减团队成员。无论对内还是对外，你都需要一个团队——一个可以利用的庞大而多元化的团队：有人收集情报，有人负责观察，有人善于思考，正所谓“群策群力”。践行行动战略的组织都孕育了“思考环境条件”的组织文化。这些组织已经习惯对实时以及潜在环境条件进行有规模的监测，共享已知信息，共同减少“未知的未知”。

知己知彼：你所在的组织中，有多少背景迥异的人参与了有关环境条件或战略制订的探讨分析？

“Resilient Futures（弹性未来）”常用这样一句话强调诸多反馈信息的“情报人员”所拥有的影响力：“关系网络无所不知。若有不知，必有问题。”在当今这个信息飞速传递的互联世界，总有人了解你需要了解的信息。根据“三度分隔”的现实情况，找到他们并获取信息并不是难事。

除了看得更远、学得更多以外，那些共同分析、描绘环境条件的团队也为决策创造了统一的环境。一群“看得见曙光”的人更容易达成共识，共同制订战略、执行计划，以激励其他所有团队成员。趋同思维被对话协商取代，团队内部的争议减少，沟通更为频繁。

当我们发现团队成员开始互相征求意见时，这个组织已经建立起环境条件文化，为决策营造了统一氛围。成员们常常会互相询问：“关系网中谁能帮助我们更好地决策？是否存在影响我们考虑执行行动的潜在环境条件？”

这看上去颇有成效，影响巨大。

规划并监测环境条件

在讲授行动战略法则的第一阶段，帮助组织创造思考环境条件的文化前，我们需要探讨一下环境条件的规划和监测。其核心在于根据对环境条件的共同了解进行适宜调整，并不断改进观点，实时呈现客观情况。

我们需要在一开始便绘制环境条件示意图，用文字从微观、宏观、超宏观层面直观呈现决定组织实时及潜在状况的各类主要环境条件。

图3.3是绘制完成的环境条件示意图。

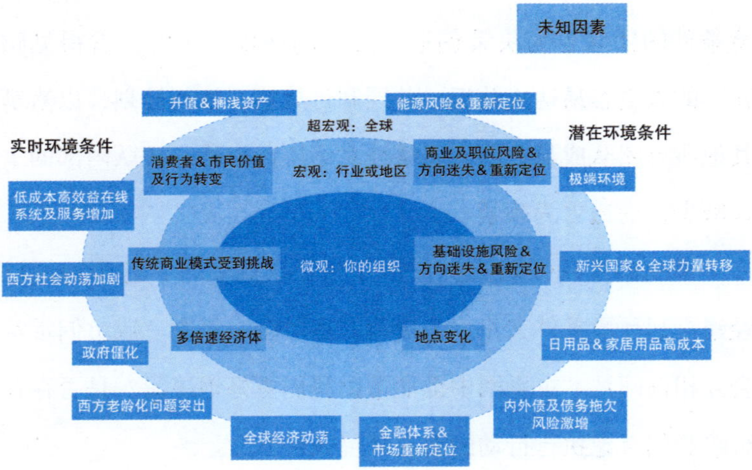

图3.3 环境条件示意图：用文字从微观、宏观、超宏观层面直观呈现决定组织实时及潜在状况的各类主要环境条件，本图从宏观、超宏观层面展示了全球主要环境条件

图3.3是多元化团队协同合作，收集储备各类知识的成果。这个团队从多元化网络中各类“情报人员”处入手——联系人、利益相关者、媒体、专家、思想家、不确定因素以及那些不为大多数人接受的小众观点，等等，对组织的实际情况做出全面、丰富的分析概述。我们称之为“360°视角”，这与

仅靠环境扫描和态势分析（SWOT）所得到的结论完全不同。它更精准、完善，并且能够更深入地探索环境条件，而不是仅靠“好”与“坏”的标准对其进行评判。

知己知彼：说出一个可帮助你更为全面地了解组织实时和潜在环境条件，而你从未定期询问、拜访的人。他与你的事业有何种联系？你该如何与他保持联系？

最重要的是，能够绘制此类环境条件示意图的团队会时常探讨分析工作重心，达成重要共识，正如哈里斯所在协会学到的那样。对环境条件进行监测的必要性深深根植于他们的思维和观念之中。环境条件示意图是团队共识的写照，支撑着他们做出每一个决策。这使得团队在环境条件发生变化时能够抓准时机，快速采取行动，从而避免冗长、低效的争论。这也是保证团队能够迅速采取行动的基础。

一旦将环境条件绘制成图，首要原则必须熟记于心：要想创造可持续价值，战略机遇-风险、能力、催化行动必须与内外环境条件保持高度一致。

也就是说，一旦脱离环境条件，我们对于机遇的追求、风险的管理、价值生成的主张、能力的投资将一文不值，也毫无意义。我们需要不断单击“刷新”按钮，适时调整、改进我们对于环境条件的观点、看法。毕竟，当我们脱离环境条件或者脱离实际时，非连续便会出现，我们也将偏离正轨。我们会迷失方向，像哈里斯的团队起初那样在毫无关联的价值主张引导下为所谓的“战略愿景”发生争执，削弱我们创造真正可持续价值的能力。

因此，对环境条件的持续监控既要遵循环境条件示意图，与“信息情报人员”保持联系，以正式或非正式的方式建立环境条件文化，又要成立一个专门的环境条件团队，定期开会，更新环境条件示意图上的具体信息。我们或许可以养成跳脱微观层面而提出问题的习惯，更为客观地倾听供应商、顾客、组织或团体的观点。这是一种动态文化，而非一个工程项目，我们不会将环境条件示意图或环境条件分析“归档”到办公室的文件夹里，束之高阁。

现实主义专家

> 真正的现实主义在于揭示那些被习惯蒙蔽的令人惊讶的事实。
>
> ——让·科克托

2006年，也就是全球金融危机爆发前两年，“末日博士”鲁比尼发表了其举世震惊的预言，而我也在相对不那么公开的场合提出了一些看似格格不入的问题，听到了极少的附和的声音。那些对环境条件有所考量的人已经隐隐感受到了即将出现的非连续所带来的威胁。

但更多的人似乎更倾向于充当“鸵鸟”，把头埋进沙子里，任由“未知的未知”释放神秘的力量。似乎当下的明媚阳光正适合铺开垫子野餐一顿，他们享受着“今朝有酒今朝醉”的快乐，全然不顾暴风雨即将来临。

众所周知，鲁比尼并不喜欢“末日博士”这个略带戏谑的称呼。他认为自己并不是天生的悲观主义者，而是具有大局观以及风险敏感度高的现实主义者。就我而言，我对于那座美国小城进行调查的主要动力来源于“打破砂锅问到底”的习惯，在不知道答案的时候不断提问以寻求答案。我意识到了自己认知上的不足，并通过关系网络互联加以弥补。

能够下意识地思考环境条件并不意味着你一定首先是有着戏谑外号的天才，或是无所不知的上帝，用令人惊异的直觉来预测即将发生的事情。你需要做的是从身边的资源入手，认识到你并不是一个人在“战斗”。正因为如此，你才不会有任何退缩的借口。

颠覆应对就绪情况检查（一）

通过比对以下关于你所在组织的几种表述，你可以迅速判断出自己是否已经做好准备应对颠覆。在往后的每一章中，检查表中的问题都会有所增加，以确保你最终能够做好万全的准备。

· 我们了解，环境条件具备实时性和潜在性，但通常保持价值中立。

· 我们能够从微观、宏观及超宏观的角度，描述、分析影响组织现在及未来状况的实时和潜在环境条件。

· 我们能够与“信息情报人员”保持联系，不断更新环境条件示意图，并对环境条件进行监控。

· 我们将协同“情报人员”收集种种未知信息，与各类信息来源建立直观联系，以减少“未知的未知”。

第四章

利抑或弊：追求战略机遇－风险

什么是战略机遇－风险？它在行动战略法则中如何体现？

史蒂夫·乔布斯以及他的团队是如何感知并追求战略机遇－风险，从而帮助苹果公司在颠覆性变革时代摆脱破产命运，一跃成为行业领军者的？

让未来述说真相，以作为和成就来评价一个人吧！当下是属于他们的，但我倾注心血的未来是属于我的。

——尼古拉·特斯拉

“非同凡想”

2012年对于柯达公司来说实在是多灾之年。在被迫依据破产法提交破产保护申请之时，柯达公司进行了大规模专利资产组合拍卖。在知识产权交易公司RPX以及高智公司参与的竞拍中，柯达公司约1100项数字成像与处理专利只卖了约5.25亿美元。

据报道，这些专利的实际价值高达25亿美元，但柯达公司毫无讲价的余地。

那么，是谁买下了柯达公司这个伟大的智慧宝库？在这个颠覆性变革时代中刚刚崛起的精英企业，比如谷歌、脸书这样的科技巨头，纷纷加入买家阵营。更值得关注的是，苹果公司也投身其中，如同一个屡屡下对赌注的扑克玩家一般，乐于以低价收购柯达公司的知识产权。

如果说墨守成规的柯达公司已经到了穷途末路，那么苹果公司则一马当先地创立了属于自己的商业帝国。在如今这个指数级变化的时代，为何如此多人能对苹果公司的品牌口号“非同凡想”产生如同宗教教义般的共鸣？原因就在于此。

1997年，苹果公司在提出“非同凡想”的品牌口号时，公司濒临破产，销售额从1995年时的110亿美元骤跌至70亿美元。在离开公司八年后，创始人史蒂夫·乔布斯重新掌舵，担任苹果公司首席执行官。

在1997年8月6日召开的Macworld大会上，乔布斯坦诚地说明了苹果公司的处境以及他的应对措施："今天，我站在这里，想向各位汇报一下苹果公司当前的运营状况，并向各位介绍为使苹果公司重新振作而采取的一系列措施。苹果公司的产品已不如以前那样随处可见，但在某些细分市场中，它依然占据着至关重要的地位。

"苹果公司的确执行了一些错误决策，但其强大的组织执行力也值得肯定。我的意思是说，在苹果公司，我遇到了很多能力出众的人。苹果公司不乏精英人才，但他们并未带领公司向正确的方向发展，因为一开始的计划部署便出现了偏差。我意识到，苹果公司并非处于无人管理的混乱状态，而是大家都期待着一个万全之策，按部就班地行事。显然，这样的策略并不存在……

"苹果公司需要找到与产品息息相关、密不可分的领域，并专注于此；需要理清其核心资产是什么，并对此进行更大规模的投资。苹果公司在一段时间内完全忽视了这些问题。苹果公司需要建立一些有意义的合作伙伴关系，……共同推动新产品的创造研发，定义新的产品范式。"

显然，乔布斯对20世纪90年代中期苹果公司的现状做出冷静、客观的评估后，"非同凡想"这一运营理念凌空而出。乔布斯似乎能够感知到希望的曙光。他信任自己的团队成员。苹果公司的问题并不在于运营方式，团队成员也并不需要更加努力地埋头苦干。事实上，他们需要的是“好的战略”。

对于乔布斯来说，这可以归结为：定义“新产品范式”，然后制造产品，推向那些苹果公司占据至关重要地位的细分市场。

1997年9月23日，乔布斯在公司的一次内部会议上向员工们阐释了“非同凡想”的理念。他这样解释道：“苹果公司要生产的不仅仅是帮助人类完成工作的老式计算机，尽管在这方面我们已经做到了尽善尽美，甚至在某些情况下，做到了最好。但苹果公司的意义远不止于此，苹果公司的核心价值观在于，我们相信富有激情的人能让世界变得更美好。”

苹果公司当时的战略一目了然：改变世界。

从生产老式计算机到塑造文化

在座的每一位都会有这样的感受：就在当下的某一瞬间，我们正牵动着未来。

——史蒂夫·乔布斯

1997年，几乎没人能够预见到苹果公司将完全实现其

“改变世界”的战略。事实上，仅用了短短几年时间，苹果公司便彻底重塑了自我，也重塑了世界。苹果公司成了颠覆性时代加速变化周期网络中至关重要的驱动力之一。在苹果公司研发的一系列精妙的用户友好型设备及相应平台的引领下，我们的文化进入由数字技术及智能设备主导的崭新时代。这是一个苹果公司从一开始就占据上风的时代，这也是乔布斯承诺要“定义新的产品范式”的原因。

乔布斯是对的，苹果公司最终并没有局限于老式计算机的生产。柯达公司的业务主要集中于相机及胶卷生产，苹果公司的业务领域则截然不同。苹果公司到底在做什么？

如今，“英雄崇拜”式的文化氛围使得大多数人认为乔布斯天生具备“神一般的能力”。

我们将史蒂夫·乔布斯描绘成了抽象的英雄形象，不食人间烟火，旁人无法企及。虽然如此定位乔布斯不足为奇，但这成了我们推卸责任的借口：没有人能够从他的角度思考问题。这简直和管理适应性衰退的托词毫无二致，没有人能够预见它的到来。

我们为何不尝试着像1997年时的乔布斯及其团队那样，以全新的角度看待问题，避免陷入对管理适应性衰退的盲目“英雄主义崇拜”呢？不管未来如何，乔布斯并非透过“水晶球”虚幻、抽象地预测未来。

苹果公司在20世纪90年代中期所意识到的问题，我们称为“战略机遇-风险（SOR）”。这是在现实环境条件下应运而生的机遇，带有一定程度的风险，同时蕴含着爆炸式增长的潜能。乔布斯团队要想把握住机遇，需要采用一定的策略，毕竟这样的机遇并不是只凭借天才领袖的领导就能从天而降的。

在深入探讨苹果公司的战略机遇-风险以及乔布斯的壮志豪言如何实现之前，我们先具体分析一下战略机遇-风险的定义。

战略机遇-风险的定义

人皆知我所以胜之形，而莫知吾所以制胜之形。

——《孙子兵法》

战略机遇-风险是指一系列能够带来发展但同时蕴含风险，并能从战略角度激发组织创造可持续价值的环境条件。下面我们进行详细的解释说明。

源于环境条件

我们可以从环境条件中寻找战略机遇-风险，环境条件包括微观、宏观以及超宏观层面的实时及潜在状况。战略机遇-风险如同在繁星密布的天空中，我们能够观察到的星座一般。当你花时间描绘环境条件，并深入思考它们之间的联系时，这些“星座”的轮廓会在某一刻出其不意地清晰呈现出来，正如第三章中提及的艾比·哈里斯及其团队所经历的那样。

知己知彼：当你深入分析微观、宏观及超宏观环境条件时，你所在组织的战略机遇是否更为显著？整合这三个维度的环境条件，机遇是否以更为清晰的模式呈现出来了？

风险与机遇：硬币的正反面

战略机遇-风险中既蕴含着发展潜能，又存在着风险。还记得我们鼓励你改掉以“好”“坏”判断环境条件的坏习惯吗？目的就在于此。尽管我们可能习惯了老生常谈的事实，习惯了非好即坏的判断，但如果你对于环境条件的看法依然固执己见，你的战略愿景很有可能会变得模糊不清。现实情况是：任何机遇都会伴随着一定程度的风险，而任何风险也会蕴含一定的机遇。二者相辅相成，不可分割，就像一枚硬币的正反面。

一个人的机遇总会成为另一个人的风险，在颠覆环境中依然如此。柯达公司将数字影像技术视作巨大风险，苹果公司恰恰将其当作了难得的机遇。

因此，我们将“机遇”和“风险”合并成一个专有名词：机遇-风险。当我们选择战略目标并为之努力时，这个词能够时刻提醒我们：我们在把握并利用机遇时，在一定程度上也需要管理并降低风险。这可以帮助我们规避盲目乐观或过度恐惧。风险有可能使你成为另一个“柯达公司”，但也可以让你相信，在收获成就的过程中若遇到了无法避免的风险而措手不及，要有机遇一定会占据上风的信念。当你密切关注机遇和风险时，你已经为在特定环境条件下可持续价值的产生提供了绝佳机会。

知己知彼：对于组织环境条件下所彰显的机遇，你是否感到风险重重？说出一种你能想到的风险。

积极寻求战略机遇–风险，以创造可持续价值

所有问题的核心是创造可持续价值。值得注意的是，我们一直在强调“可持续”价值。

1975年，当柯达公司的史蒂夫·萨森发明出“无胶片相机”时，他为柯达公司创造了巨大价值，但这些价值中的很大一部分在潜在环境条件下无法持续下去。虽然其他公司对于“无胶片摄影”的大量投资使得柯达公司开始关注创新，但其依然以胶片相机公司的身份乐此不疲地抢占市场份额，毕竟当时胶片相机的市场占有率极高。当柯达公司一分为二地看待数字创新时，眼里只有风险。当战略机遇–风险的硬币飞速旋转时，柯达公司只看到了写着“风险”二字的一面。他们将“数字创新”归为“坏”的一类，予以坚决抵制。

在很长一段时间内，柯达公司的市场主导地位似乎证明了其做法无可非议。这家美国企业看上去太强大了，不可能倒

闭。事实上，在1999年，也就是苹果公司提出“非同凡想”理念后的第二年，柯达公司的股价创造了历史新高，每股接近80美元。柯达公司看上去发展势头良好，但事实上其价值已经开始从内部衰退瓦解，就像次贷全盛时期的担保债券凭证一样，呈现出虚假繁荣的幻象。

换句话说，柯达公司是管理适应性衰退的一个典型案例。柯达公司最终的命运也说明：其失去了创造可持续价值的能力。

知己知彼：你所在的组织是否正在创造可持续价值？是否面临着管理适应性衰退的风险？

你必须积极寻求战略机遇–风险

不积极寻求战略机遇–风险的后果并不会立竿见影地显现出来，但必将让组织走上管理适应性衰退之路。若你采用柯达公司对待萨森发明的“无胶片相机”的方式，故步自封，忽略战略机遇–风险，战略机遇–风险并不会凭空消失。待其再次出现时，便会成为更为棘手的问题，出乎意料地给你致命一击。一个将投资仅用于维持企业现状而停滞不前的实体公司是无法创造可持续价值的。就像冲浪者一样，你需要适时根据风浪情况调整前进的角度与速度。如果你仅仅抛下“船锚”，稳固船只，静静等待指数级变化的到来，那么你所要经历的将是颠覆性变革的惊涛骇浪所产生的强大破坏力。受到未来重重一击的感觉如何？

除了前进，别无选择

环境条件的变化，使得连续和非连续都会产生价值。你对这类价值产生的经验取决于你在实时或潜在环境条件下识别战略机遇–风险，并朝正确方向迈进的能力。毕竟，可持续价值的产生与管理适应性衰退所呈现的现象截然不同。

关于行动战略

开始介绍行动战略时，我们说过，识别战略机遇–风险是行动战略法则的第二步（在完全掌握法则之后，你会发现，识别战略机遇–风险是你在执行行动战略的每时每刻都要坚持做的事）。

由于战略机遇–风险依赖于环境条件，因此一旦系统地规划、描绘了实时及潜在环境条件，我们便能够了解何为战略机遇–风险。战略机遇–风险可能基于单一的环境条件，也有可能基于你所在组织所处的一系列环境条件，贯穿微观、宏观以及超宏观层面。它如同手电筒发出的一束光，指引你要去向何方，做些什么，进而产生价值。如果我们将其形象化，识别战略机遇–风险就好比足球运动员在球门前发现了对方防守的漏洞，找到了突破的机会。你意识到，只要向右侧跑几步，右脚内侧触球发力射门，便能把握这一进球的机会。

再次强调，请牢记行动战略的首要原则：要想创造可持续价值，战略机遇–风险、能力、催化行动必须与内外环境条件保持高度一致。只有在上述情况下，行动战略才能发挥效用，推动可持续价值的产生。如果出现突发状况，其他外来因素的影响使得环境条件发生了改变，你需要重新审视、思考行动战略，并相应调整催化行动。这就好比足球场上的跑动、踢球、传球都要根据场上的实际情况进行适时调整。

若行动战略未遵循首要原则，不连续与价值破坏将随之而来。这就相当于把球直接误传给迎面而来的对方球员，而不是如预期那样抬脚射门。球员的战术被扰乱，也丢失了宝贵的进球机会。

知己知彼：关于战略机遇–风险需要与行动战略相契合这一点，除了足球，你能想出其他的例子吗？

苹果公司的战略机遇–风险

在对战略机遇–风险有了较为客观、清晰的了解后，我们不妨将目光重新投向苹果公司，揭开乔布斯这位伟大企业家的神秘面纱，看看他和他的团队在1997年都预见到了什么，经历了什么。在苹果公司历史上的关键时刻，他们对环境条件的分析与把控产生了什么样的战略机遇–风险？

乔布斯在1997年8月6日召开的Macworld大会上的演讲直击

问题核心。为了避免破产（非连续）并积极为市场创造可持续价值，能够使苹果公司发挥长处的战略机遇–风险如下：定义“新产品范式”，然后制造产品，推向那些苹果公司占据至关重要地位的细分市场。

换句话说，即“非同凡想”——从全新的角度思考问题，研发截然不同的产品，在体验、外观和功能上均有所创新。一直以来，苹果公司很好地践行了这一点。这样的理念也不断影响着遍布全球的“果粉”（苹果公司产品的爱好者）和品牌大使。苹果公司的战略机遇–风险旨在研发能够对联系日益密切的“全球公民”有所帮助的产品，让大家以更加轻松、简易的方式应对这个指数级变化的世界。

那么，苹果公司在什么样的环境条件下，勾画出了这样的蓝图呢？如果把战略机遇–风险比作星座，我们能认出其中的一颗颗恒星吗？

技术条件

首要的也是最显著的一点是，苹果公司意识到了广阔环境条件下技术发展的重要性。

20世纪90年代中期，宽带及无线互联网飞速发展，对数据处理的负荷能力越来越强。根据摩尔定律，发展速度和强度呈现指数级增长，因此提前尝试研发在不远的将来能够满足客户需求的产品具有重要意义。

这类产品能够让人们以全新的、更完备的方式获取更多信息，因此对它们的需求很快便会达到极其旺盛的程度。事实上，人们已经开始接受多元智能设备，具有拍照、收发邮件及文本信息等功能的智能手机大受追捧，体现出了人们对于移动计算的迫切需求。很显然，消费者们迫切希望互联网的力量“触手可及”。

苹果公司想要成为第一家通过改变游戏规则来满足此类需求的公司。其需要迅速行动起来，在消费者还未对需求有所意识之前捷足先登，让其先行体验。

苹果公司推出的产品如同多米诺骨牌，一件件专利产品在供应链上环环相扣，持续不断地满足人们的需求。类似iPod这样的设备拥有前所未有的数据存储能力，从而激发了人们对于数据供应的需求。为满足此类需求，iTunes平台应运而生。iPhone手机刷新了移动计算的能力，使得新型应用程序的需求激增……因此，苹果应用商店诞生了。苹果公司预测到了技术发展对需求产生的影响，便率先据此创立了新的商业模式，以满足不断涌现的需求。

此外，苹果公司的产品外观设计简洁大方，更便于使用。尽管苹果公司通过应用指数级变化的技术造就了这些产品，但它们并未让用户感到困惑或陌生。苹果公司的产品让复杂的技术看上去很简单，使用户能够轻松自如地享受颠覆性变革。

苹果公司就是这样创造未来的。其意识到了那些即将到来的潜在环境条件，并据此率先做出了调整、转变。

社会条件

苹果公司同样了解人类社会状况，知道如何利用其品牌忠诚度，并将其融入“技术意识”日益强化的大背景中。

至1997年，苹果电脑与微软电脑之间的竞争人们已司空见惯，双方都热衷于宣传各自操作系统的优势。微软公司与苹果公司之间的竞争可谓一段传奇。

早在很久之前，苹果公司研发的麦金托什电脑（Macintosh）便以易操作性和可靠性闻名。乔布斯在1997年召开的Macworld大会上，准确地将“苹果”定义为世界上最受欢迎的五大品牌之一。如果苹果公司没有不断向“果粉”呈现新产品的热情，“非同凡想”的理念就不会大获成功。苹果公司相信，若成功践行品牌承诺，让更多人利用技术改变世界，“果粉”将为苹果产品创造更大需求。

除了苹果产品日益受到大众欢迎之外，我们逐渐感受到了一种更为广泛的文化氛围，即跟上技术发展的步伐，才能保证不掉队。黑莓手机一夜之间成为世界各地高端商务人士的必备品，拥有这样一部手机不仅体现了用户的文化内涵，还意味着用户已经融入了这个时代。黑莓手机不仅能够查询各类信息，还具备一系列事务处理功能，能够使你实现与世界的实时互联。

苹果公司在这样的社会条件下感知到了巨大的机遇——

在20世纪90年代中期，人们对与社会地位息息相关的品牌有着迫切需求。不难看出，直到现在，这种需求依然对苹果公司的战略决策起着至关重要的作用。

微观条件

还记得巴兹·霍林提出的“适应性循环”概念吗？基于对生态系统发展的观察，霍林提出了改变的两个不同方向：成长与守恒的正向式循环、释放与重组的反向式循环。换言之，发展是好的，但并非需要通过一味地保护来实现发展。相反，将累积的能量用于创新，发展也将随之而来，新的生命形式将应运而生，正如熊熊燃烧的森林大火最终会使森林发展成为更加丰富多样的生态系统。我们要做的是释放能量，并重新思考。

乔布斯提出的“非同凡想”理念便是利用反向式循环的最好例子。如果苹果公司一味因循守旧，坚持生产可以帮助人们完成工作的老式计算机，死守正向式循环，只会获得极为有限的发展空间。这将导致苹果公司走上截然不同的道路：树木林立，火种尚存，却无法加以把控、从中获益。如果1997年时苹果公司的决策仅仅是更加高效地生产老式计算机，那么其难逃与柯达公司类似的命运。这样的决策失误极容易发生，乔布斯也曾经对此做出如下评价：“在老式计算机的生产方面，苹果公司比任何企业都做得更好。”墨守成规，认为擅长的就是最好的，常常被用来当作战略拙劣的托词。

乔布斯在Macworld大会上的演讲提到了苹果公司极其有利的微观条件，他用“伟大”“卓越”等词汇评价团队成员。正如他所说的“苹果公司具备强大的组织执行力”，他拥有合适的、精益的团队来实现愿景。

在乔布斯看来，苹果公司内部的微观条件极其适合重新规划、创造令人称羡的价值财富。他精简团队，以确保新的董事会能够全力支持根本性的突破创新。凭借这些至关重要的微观条件，乔布斯及其团队点燃了熊熊烈火，并适时控制火势，使得苹果公司的“生态系统”焕然一新。

如何感知并把握战略机遇–风险

看到这里，你可能会说，这完全是一种“事后诸葛亮”的说法。毕竟苹果公司的成功和柯达公司的失败是显而易见的，任何人都能分辨出案例中那些积极的战略机遇–风险。当然，问题不会如此简单。我们列举了一些能够让你所在的组织在审视、分析环境条件时更好地感知战略机遇–风险的方法，相应地，也有一些可靠的方法可以帮助你忽略这些战略机遇–风险。

战略机遇–风险是如何被错失的

悲观主义者从每个机遇中看到困难，乐观主义者从每个困难中寻求机遇。

——温斯顿·丘吉尔

前文探讨了传统战略规划跟不上颠覆性时代步伐的问题。当加速变革周期不断向前推进，传统风险管理也将面临类似的命运。大多数领导者所采用的风险管理模式还停留在“船长要不惜任何代价保护船只”的传统模式。如今，尽管船长们依然兢兢业业地做着船舶维护工作，他们的船只却向着“管理适应性衰退”的方向航行。即便在船体即将触礁的最后时刻，他们仍然精心保护着船只。

传统风险管理仅仅需要你关注三种能力：运营、汇报以及服从。

传统风险管理引导组织在工作流程效率最大化的基础上实现良性运行，强调全面、准确汇报的价值以及服从规范的重要性。这些都是任何希望实现良性运行的组织要达到的目标，就好比航船要能经得起风浪的考验。

这种对效率、准确性及稳定性的强调仅适用于过去，那时组织处于稳步增长、前进的长期性发展趋势中。那个时代的组织所经历的变化寥寥无几。一旦你发现了某种优势，长期保持下去便会带来利益。如果期间未出现问题，你不需要做出任何调整、改变，只需要按部就班地执行即可。在你的严格管理下，企业这艘“模范舰船”朝着唯一的目标前行：利用“摇钱树”赚钱。

这样的时代早已远去。我们身处颠覆性变革时代，经历着快速而复杂的变化，变化周期越来越短。这是指数级变化的颠覆性变革。现如今，过度强调运营效率可能会造成阻碍财富积累、依赖搁浅资产的后果。例如，柯达公司曾试图通过加倍努力提高利润率来进行风险管理。它执着于“精益求精”，加大了管理力度，并强迫要求市场消化过时的“搁浅资产”。但市场显然已经对胶片摄影丧失了兴趣。

知己知彼：你所在组织的正式风险管理流程是怎样的？是否超越了传统风险管理中运营、汇报、服从三个维度？

我们深切体会到，传统风险管理模式已经不能满足当下颠覆性变革时代的要求。除了传统风险管理所涉及的三种能力以外，我们还需具备深层次的所谓“地动山摇”的能力，以撼动我们搭建的看似完善的架构。

我们将这种能力称为“战略”。对风险的管理能力最终决定着我们是在有目的地创造着可持续价值，还是毫不知情地在加州圣安地列斯断层上建设着摇摇欲坠的城市。乔布斯曾在Macworld大会上拍着胸脯对台下观众们说：“苹果公司有着杰出的团队，只不过他们在错误战略的引导下工作。”这显示出了乔布斯对战略的敏感性。

战略能力总是轻易被忽略。还记得那个与世隔绝的行政办公室吗？当同一个组织中出现多个这样闭门造车的“办公室”时，问题便出现了。

团队中的战略人员和风险管理人员都身处各自部门的“小天地”中，互相没有过多交集，甚至不认识对方。与战略部门相比，风险管理部门常常得不到重视。战略部门成员制订战略，推动组织发展，却极少关注计划中的固有风险。如果战略大获成功，随之而来的便是对于侥幸成功的大肆庆祝。一旦战略失败，个中原因往往要在组织价值遭到破坏、损失产生很久之后才会出现在风险登记册上。

相较于良好运营、精准汇报、法规服从，战略风险管理与规避要复杂得多。一个团结和睦的团队需要乘着战略风险管理的浪潮，驶向指数级变化的汹涌波涛。

将战略风险评估纳入风险管理框架中时，你需要问自己几个基本问题——不仅局限于“效率是否够高”这样的问题，还包括“从未来角度出发，我们的组织是否能够持续运营下去”这样的问题。不仅仅是你，这也是你的整个团队需要考虑的问题。

如何感知并把握战略机遇–风险

风险来源于你不知道自己在做什么。

——沃伦 · 巴菲特

如果说固守传统管理模式会使你错失良机，那么在合理的架构下培养创造力便是强化组织战略的恰当方法。我们所说的“创造力”是什么？又该如何搭建培养并注重创造力的架构呢？

让我们一起回顾一下乔布斯在1995年《连线》杂志专访中所说的话："创造力意味着找到事物之间的联系。如果你问那些有创意的人是怎么做成某件事的，他们会觉得愧疚，因为他们不是真正做成了某事，而是看到了其中的一些关系。

"他们只要观察一会儿，很快就会弄明白，因为他们能联系自己的经历，创造新的东西。他们之所以能够做到这一点，是因为他们比其他人拥有更多阅历，或者他们对于自身经历的思考、剖析比其他人多。

"遗憾的是，这样的人太少了。我们这个行业中的许多人并没有丰富的阅历。他们的眼界不够开阔，找不到事物之间的关联，遇到问题时常常用线性思维寻找解决方案。一个人经历过的事情越多，理解得越深，设计出的东西就越好。"

源自多元化团队集体创新意识的创造力是最具有说服力的。这也从侧面说明了在第三章中，我们强烈呼吁任何环境条件评估过程都需要考虑信息来源多样性的原因。还记得我们提到过的"信息情报网"吗？

丰富的知识及广泛的经验会使认知模式更加多样化，解决方案更加灵活。事实上，事物之间的关联越多，越有助于创造性的施展。创造性人才需要依靠足够的"关联"来寻找真正的创新灵感。经验的多样性有助于人们设计出更好的产品，而视角的多样性有助于人们更全面地识别战略机遇－风险。

知己知彼：你能列举一个所在组织具备真正创造力的案例吗？你的团队是如何施展创造力的？

你是如何看待经验、知识、视角的多样性，并在相关组织架构中灵活发挥的？并非所有战略机遇–风险生来平等。在对创造力、好奇心、创新进行一番褒奖之后，我们需要保持平常心，更为客观地看待它们。误打误撞地碰上战略机遇–风险并期望从中获益的想法并不实际。具备冒险精神是必要的，但预先规划同样重要。

明确的架构能推动创造力的自由发挥，进而产生价值，这样的架构可以帮助我们对战略机遇–风险进行评价。

战略机遇–风险中蕴含着不同级别的风险与机遇，这并不难理解。世界上存在着风险大、机遇小的战略机遇–风险，相对应地，也存在着风险小、机遇大的战略机遇–风险或介于两者之间的战略机遇–风险。

图4.1中四个象限中的任意一点均可表示某种程度的战略机遇–风险。

我们更看好“风险小、机遇大”的战略机遇–风险，其他的战略机遇–风险应当根据其对组织的价值进行排序。苹果公司在20世纪90年代中期时的大环境中所展现出的创造力及其战略机遇–风险的多样性，有可能导致乔布斯团队宽松自由的运营方式徒劳无功。但在苹果公司完备的组织价值观中，创新占据了重要地位：要让强大技术工具的使用体验更加令人愉悦。他们知道自己想要创造什么样的价值，这让他们更加专注。

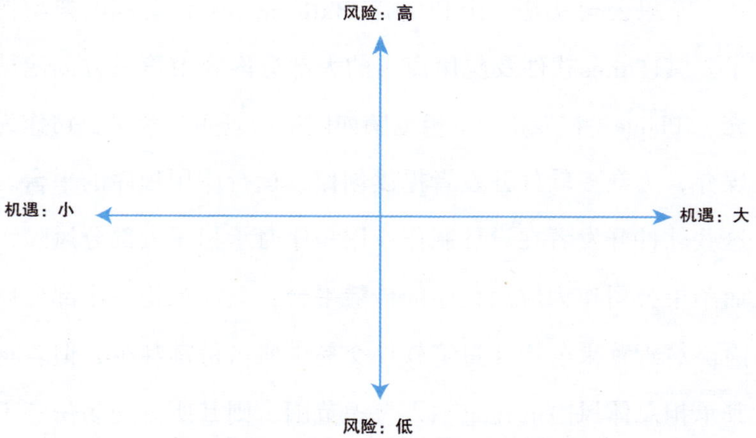

图4.1　战略机遇–风险中蕴含着不同程度的风险与机遇。存在风险大、机遇小的战略机遇–风险，相对应地，也存在风险小、机遇大的战略机遇–风险或介于两者之间的战略机遇–风险

套利：利弊及管理适应性衰退

当你选择并确定将某种战略机遇–风险作为组织的“制胜法宝”时，伴随着的风险往往被忽视。这就是我们所说的“套利”，或者可以称之为“企业家的乐事”。经验丰富的企业家通常会承担一部分可控风险，同时将另一部分风险转嫁给其他参与者，以达到利用战略机遇–风险的目的。

作为回报，企业家会根据其他参与者承担风险的大小与之分享相应的机遇。各方之间机遇与风险的平衡分配也被看作“一桩好买卖”。

苹果公司就是一个利用“iPlatform”平台套利的典型例子。其iTunes软件及应用商店的大部分内容由第三方创建填充。iPhone手机及iPad平板电脑如同空白画布，苹果公司作为媒介，为众多软件开发者提供创作、运行应用程序的平台。这些软件开发者在设计制作应用程序时承担了大部分风险，而苹果公司作为应用程序的传播平台，只需承担一小部分风险。尽管苹果公司在每笔软件交易中所占份额甚少，但若将其承担总体风险的比重纳入考虑范围，则其所占交易份额不容小觑。这是一个成功的“套利”案例，如你所见，苹果公司乐意为之。

然而，套利也有可能产生事与愿违的结果。例如，当你深入分析“环境条件示意图”时，你会发现在有些情况下，你所在的组织需要承担风险，相应风险所蕴含的机遇却极有可能被他人收入囊中。我们称这种情况为“不公平套利”。

参与这类交易的组织若不能产生可持续价值，便极有可能陷入管理适应性衰退的状态。这样的组织关系常常是片面且不持久的。下面列举一个大型连锁超市给中小型供应商超负荷施加风险的例子。

中小型供应商除了应大型连锁超市的要求提供一定数量

的库存，以支持退换货服务外，还需支付促销活动和预售商品所产生的额外费用，其资金回笼需等待的时间也有悖贸易公正性。大型连锁超市享有的机会与中小型供应商承担的风险处于完全失衡的状态。

参与其中的供应商们很难（甚至根本不可能）获得长期可观的利润。这些供应商满足大型连锁超市需求的业务将迫使其陷入管理适应性衰退，根本无法创造可持续价值。这样的组织运行方式必将最终使得这些为连锁超市供货的供应商山穷水尽，双方都要蒙受损失。

不公平套利所带来的风险需要自行承担。

知己知彼：你现在是否为不公平套利所累？你是否正承担着风险，而其他方享受着机遇？或者你目前是否处于将自身风险强压给供应商的状况？

致“狂热者们”

如果你能感受到现实性，那么也一定能感知到可能性。

——罗伯特·穆齐尔

1997年，苹果公司推出的“非同凡想”广告的核心理念是通过黑白影像展现20世纪“非同凡想”的著名人物，并由演员理查德·德莱福斯以“狂热者们”为主题进行配音。

这则广告登上电视荧幕后引发了广泛关注。它向人们表明，创新并非出众的顶尖名人所独有的精神。乔布斯及其团队中的工程师、程序员、设计者也和阿尔伯特·爱因斯坦、巴勃罗·毕加索这些顶级名人一样，心怀创新。

更重要的是，新老两代的“果粉”均将自己视为能与发明家、思想家、治疗师、探险家及创造者比肩之人。他们自视“推动人类进步的狂热者”。指数级变化的未来逐渐呈现在他们眼前，他们期盼着能够积极参与进去。

你是同他们一样的“狂热者”吗？如果是，你有何计划、打算？

颠覆应对就绪情况检查（二）

· 我们了解到战略机遇–风险蕴含在环境条件中，并且是一定风险与机遇的共同体现。

· 我们认识到战略机遇–风险能够引导我们在管理和规避战略风险的同时，采取积极措施创造可持续价值。

· 如果我们墨守成规，仅仅关注运营、汇报及服从能力，而未做好准备应对战略风险的话，我们可能会错失战略机遇–风险，无法掌控颠覆性变革。

· 要想识别战略机遇–风险，我们需要培养团队创造力，并将其应用于适当的组织架构中，以客观评价战略机遇–风险，从而帮助我们创造可持续价值、管理和规避战略风险、防止发生不公平套利。

第五章

恪守底线：创造可持续价值

如何利用行动战略法则创造可持续价值？

“Whole Foods（全食食品超市）”如何通过增强价值理解来制订必胜战略？此战略又如何在相互依存的网络关系中发挥作用？

我相信，自觉资本主义终会普及，因为它是一种更为优质的商业模式，将为每一位利益相关者创造更多价值。

——约翰·麦基

非素食店

1978年，约翰·麦基在得克萨斯州奥斯汀市的一栋小楼的车库里开了一家食品杂货店，但并未引起强烈反响。这家“更安全方式天然食品店（Safer Way Natural Foods）”是麦基理想主义的结晶，麦基不吃的食品不会出现在店内货架上。麦基是一名素食主义者，店里只提供完全不含糖、咖啡因及酒精的素食。他的供应商是得克萨斯州的嬉皮士和农民，合伙人是从大学辍学的女朋友雷尼·劳森。麦基原本在得克萨斯大学奥斯汀分校攻读哲学与宗教学位，但之后他意识到自己更愿意从事零售行业。身为一名青年企业家，他随时准备投身自己看好的、更有潜力的市场。

创业一年后，麦基和劳森筹集的45万美元创业资金已经消耗了一半，但店里的生意并不好。他们到了需要反思的时候了。

麦基和劳森决定兼并“克拉克斯维尔天然食品店（Clarksville Natural Grocery）”，并扩大店面规模。他们制订了新的战略，并将店名改为“全食食品超市（Whole Foods Market）”。全食食品超市与“更安全方式天然食品店”的定位稍有不同，它并没有走偏向麦基个人喜好的极端路线，而是提供大多数人想要购买的产品，但相较其他商店又有与众不同之处。该超市同样出售甜点、肉类、方便食品等，只是均为无防腐剂的有机产品，供应渠道也更为可靠。正如麦基所说，他们并非想要打造一家素食店，而是打算将有机食品引入美国主流市场。

全球金融危机过后，2014年，全食食品超市的营业额显著回升，实现了连续四年的增长，当年销售额达到142亿美元，同比增长10%。全食食品超市的营业范围大幅扩张，在爱达荷州首府博伊西、密歇根州的底特律等城市的市中心新开了1000多家分店。进军这些区域对全食食品超市来说是大胆的举动，由于其高价、高档、针对“雅皮士”等年轻客户人群的产品定位，全食食品超市被戏称为“全额支票”。但全食食品超市有着非常明确的目标，即将有机食品引入美国主流市场——这正是美国中产阶级所期待的。

为了实现这一目标，他们调整了运营模式，在低收入地区的分店里售卖物美价廉的商品。他们对底特律分店进行了个性化装修，使其更符合“摇滚城市”的盛名，看上去并不像西海岸城市中的一家普通食品超市。他们用报废的汽车零件拼搭美食广场的桌子，并把底特律黑人音乐唱片悬挂在天花板上。底特律及其他地区的全食食品超市出乎意料地招揽了大批顾客，他们对超市售卖的商品十分青睐。

全食食品超市以遵循“七大核心价值”的运营理念而闻

名，“我们在利润中创造财富、获得增长”“我们践行环境管理”等都被囊括在内。总的来说，这七大核心价值反映出了其想在美国商业环境中实现独树一帜的企业愿景。全食食品超市虽然采用的是资本主义模式，但以价值为基石；虽以占领市场份额为目的，但自觉遵循在特定约束条件下的运营方式。它以市场需求为基准，引领着生活潮流。它的七大核心价值恰恰说明了它是如何同时服务于各类利益相关者的，其中包括员工、供应商、客户、投资人以及自然环境本身，等等。

2004年，约翰·麦基在接受《Grist》杂志访问时，这样解释道：“我认为在美国，人们对于商业误解最深的一点是，商人们做生意要么出于‘利他主义’，要么只为了赚钱，贪得无厌、自私自利。用这种二分法显然并不能客观地描述商业，这也是对全食食品超市的错误印象。我们的理念是两者兼顾：既达到赚钱的目的，又让消费者买得起物美价廉的商品。”

一切以价值为核心

本书篇幅已过半，我们来谈谈行动战略法则的核心——价值。这点非常关键，因为创造可持续价值正是我们的目的，也是组织努力的方向与存在的理由。价值可被视作可衡量的固定产出，如可观的收入或合理的盈亏底线；也有其他较为无形的、主观的表现形式，比如文化转化或新兴时代思潮等。来自底特律这座“摇滚城市”的顾客们会坐在用废旧汽车零件改造而成的桌边，品尝农场直供的健康食物便是一个典型例子。

离开价值，还有什么可劳心伤神的？离开价值，也不会有人继续关注。当然，你也可以坚持做一个把店开在车库里的小杂货店的店主，但这只会渐渐榨干投资人的血汗钱。

从某种角度来看，价值的定义非常简单。它是任何人都需要关心的东西。创造价值对于组织持续发展及维持偿付能力至关重要。对于如何创造价值，只需要我们回答一个简单问题：别人为什么要关注我们？

知己知彼：当你问自己，为什么有人会关心你所在的组织时，你最先想到的是什么？

有时候回答最简单的问题恰恰需要最周密的思考。对于全食食品超市来说，横向发展并不可能让麦基成为一名成功的商人。麦基对于全食品牌的价值主张是：让有机食品成为主流。这引导着全食食品超市朝着与众不同的方向不断发展壮大。全食食品超市定义价值及传递价值的方式为其赢得了众多粉丝，当然也有一些对其颇有微词的人。全食食品超市销售肉类食品并将其变为主流的理念，一直以来都是“善待动物组织”成员与其他抗议者攻击的目标。而类似“有机消费者协会”这样的组织也宣称自由主义者麦基的理念是“愚蠢的、虚伪的、保守的”。

但全食食品超市做到了恪守底线，甚至这一系列与公司财政无关的关注为其获得丰厚利润助了一臂之力。全食食品超市发展迅速，在逐年扩大的市场中占据了主导地位。与食品零售业的竞争对手相比，全食食品超市的资本投资获得了更加高额的回报。以平方英尺为单位进行估算，其售出的商品远多于其他主流连锁超市。全食食品超市大获全胜。

麦基的商业理念站稳了脚跟，至少在看得见的未来也是如此。

在我们深入探究价值在行动战略法则中所处地位前，全食食品超市的例子可以帮助我们理解如下问题：麦基是如何定义价值的？全食食品超市这样的连锁超市巨头是如何决定传递价值的方式和对象的？全食食品超市的利益相关者是哪些人？他们能够真正和平共处吗？

麦基对这些问题的回答能够体现出仅有热情没有方向的事业与定位明确的事业之间的差距，而你对于这些问题的回答能够展现出一个混乱组织与一个有目标、持续繁荣的组织之间的区别。

价值的定义

价值是行动战略法则的核心。对于任何蓬勃发展的企业来说，价值占据着至关重要的地位。价值是一个值得深入探究的概念。在颠覆性变革时期，那些有能力朝着连续方向发展的领导者及团队成员已经意识到，对于价值的思考需要更全面。在深入思考过后，他们才能引领组织有目的地朝着持续繁荣的方向迈进。我们在此紧跟他们的步伐，对价值进行更深层次的分析与审视。

基本价值

一个愤世嫉俗的人知道所有东西的价格，却不知道任何东西的价值。

——奥斯卡·王尔德

任何重要的、有用的、值得的东西是价值的最基本体现形式。大多数情况下，价值是可以用金钱来衡量的。比如，一包小零件的价值是9.99美元。用沃伦·巴菲特的话来说，价值就是他们愿意付出一切从你这里获得的东西。

假设你需要列一张清单，内容可以是具体的事物，也可以是抽象的概念，它们存在于你所在的组织中，并具备一定的可衡量的价值。那么，这张清单会是怎样的？你可能会列出：资本、环境资源、增值能力、流程、合同、关系网、人力资源、知识产权、品牌力、产品服务等要素。还有什么被遗漏了吗？

知己知彼：如果你真的花时间列出了这样一张清单，它会是怎样的？你所在组织中的哪些价值处于优先地位？

假设你把这些分散的价值因素归整成一个等式，将所有因素聚合在一起，协同合作，以便创造更为可观的价值。这个等式可能会如图5.1所示。

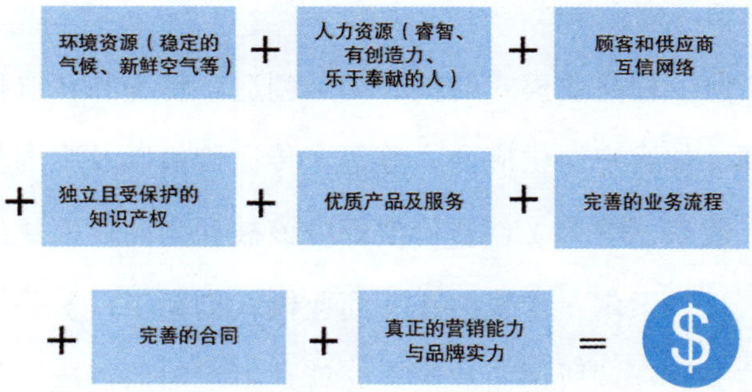

图5.1 行动战略价值等式：在行动战略价值等式中，经济收益确实存在，但投入产出相对较少

我们需要评估多种因素，以实现可持续经济收益。

说到底，无论你在等式的左边增加了多少相关因素，等式右边的经济收益都无法产生增长。也就是说，脱离了恰当的价值等式，收益永远不会实现“滚雪球”般的增长。

这看起来似乎非常简单，然而问题是：对你来说，经济收益是唯一有价值的产出吗？还是说经济收益只是更广阔价值网络的产出之一？你所在的组织是否严格坚持从经济角度出发衡量价值？这样的价值是否可持续？或者说，你所列的价值等式是否能够作为衡量价值广度和深度的手段，其中包括向客户传递的价值以及组织自身所获得的价值？

请牢记，如果仅将关注度集中在经济层面，那么你所在的组织很有可能会成为第二个柯达公司。在20世纪90年代末期，柯达公司的股价一直未上涨。目光短浅只会使你停滞不前，我们需要高瞻远瞩，深入思考。

价值与商业模式

任何一种商业模式的核心都是创造、传递和获取价值。向外部（如客户、供应商，等等）传递价值以及为内部（如员工、股东，等等）创造价值都应该被列为商业模式的重中之重。正如索尔·卡普兰在《商业模式创新工厂》一书中所阐释的那样："所谓商业模式，就是组织如何创造、传递、获取价值。"

健全的商业模式以遵循首要原则为前提。当你较为全面地掌握了环境条件，正确识别了战略机遇–风险，提升了沟通传递能力，并开展了最为有效的催化行动后，也就自然而然地创造了价值。若非如此，你所谓的商业模式就无法立足。

我们非常赞同卡普兰将因非中介化而失败的商业模式称为"被网飞"，意指曾经大获成功的商业模式，在颠覆性变革中为新的商业模式所取代。卡普兰在书中列举了经历过或正在经历“被网飞”的众多知名组织。除了一些“有名无实”的组织外，卡普兰指出，Borders（博德斯书店）被Amazon（亚马逊）“网飞”，传统邮局被电子邮件“网飞”，大学被网络教育“网飞”，纸质报刊被Craigslist（克雷格列表网站）“网飞”。对此，我们还有其他补充：化石燃料能源发电机被新能源供给和蓄电池“网飞”，传统燃油机动车被新能源电动车“网飞”，Uber（优步网约车）被无人驾驶汽车“网飞”（是的，即使像优步这样的颠覆型企业，也不能掉以轻心）……

2012年卡普兰写作该书时，还提及了Netflix（网飞公司）自身也难逃“被网飞”的命运。当时网飞公司所采用的商业模式依赖于DVD租赁所创造的价值。卡普兰预测，这样的商业模式有可能在未来被颠覆。他解释道：“当然，对于网飞公司所采用的商业模式来说，最大的颠覆来源于影片下载及在线观看。”幸运的是，网飞公司在2012年迅速改变了其商业模式，转而发展在线视频业务，从此稳居市场领先地位。现在，网飞公司正试图“网飞”有线电视商业模式，并且完全摆脱了“被网飞”的命运。

任何人都无法保证某一种商业模式经久不衰。创造价值是组织在特定环境条件下享有的优势。在颠覆性变革时代，许多组织商业模式的“有效期”已经展示得明明白白。在很多情况下，“有效期”一晃而过，甚是短暂。

正如乔治·哈里森所说：“万事终将逝去。”

知己知彼：你当前采用的商业模式的“有效期”有多长？是快要到期，还是已经过期了？

价值网络

你是否曾坐在桌前，仔细观察过一张美元钞票？这张钞票所具有的价值就印在正反两面，仅仅放在桌上，它的价值并无用武之地。然而一旦被放进钱夹，它的价值就极有可能得以体现，甚至成倍增加。它可以用来买一包糖或者进行股票投资。这张美元钞票需要在价值网络中进行交易，才能实现其价值。

如果我们从更为宽泛的组织体系角度思考，就会更了解“价值合作伙伴”是如何团结一致，建立创造价值的互利互惠网络的。在这些网络中，在交易的每一个阶段，相对较小的价值单位（比如那张美元钞票）都会有所变化，甚至增值。起初，其可能仅仅被用于投资某一小部件，接着网络中的每一个合作者会轮番使其增值，或在传递价值之前赋予其额外价值。

在交易的每一个阶段，价值等式都驱动着所有产出。

在此过程中的任意一个阶段，若是某个价值合作伙伴停止增值，网络中的其他成员就可能会成为非中介化的牺牲品。换言之，其他人便成了“被网飞”的中间人。Blockbuster（百事达DVD租赁公司）便是一个典型的例子，该公司顽固不化地遵循着同一形式的价值传递方式，最终承受了“非中介化”所带来的后果。网络媒体的出现完全可以满足影迷们的观影需求，并且能够为他们节省开支，还能避免前往百事达这类实体租赁店的不便。

最令人难以置信的转折发生在2000年。当年，百事达公司有机会以5000万美元的价格收购网飞公司，收购计划获得通过，但百事达公司最终放弃了收购。15年后，网飞公司的市值直达350亿美元，甚至超过CBS（哥伦比亚广播公司），百事达公司则陷入了申请破产保护的窘境。

这就是管理适应性衰退的体现。

价值相互依存

并非所有系统停止才会带来崩溃。大多数情况下，停止其中之一就足以带来灾难性后果。打个比方，人体由众多系统构成，若其中之一——比如心血管系统——停止运作，死亡便随之而来。

——罗伯特·清崎

回想与利益相关者们召开会议时的情景，弗雷德·普雷斯利对于他们所持的怀疑态度依然记忆犹新。

作为罗德岛环境管理部的规划师，普雷斯利参与了由罗德岛经济政策委员会成员基普·伯格斯特罗姆负责督查，拉里负责牵头，另有多人共同参与的关于罗德岛流域、海湾及其沿海地区发展规划的项目。2000年初，纳拉甘塞特湾沿岸的大部分地区还都是工业荒地。项目组的三十多名成员，包括开发商、工程师、建筑师、投资方、环保主义者、政府官员、非营利性组织人士等，众口难调，对该地区的开发规划极难达成一致意见。开会的目的本是让成员们共同探讨行动战略。起初他们并不买账：环境条件？网络？相互依存？算了吧。

“每个人都有自己对规划的想法。”普雷斯利解释道，“每种规划也的确具备某一方面的价值，但它们并未得到妥善整合。”

环保主义者们强烈主张只进行湿地恢复，反对其他举动。他们理所当然地认为环境修复和城市发展相互排斥，并用怀疑的眼光看待发展。

最终，这种怀疑情绪有所缓解。普雷斯利回忆说：“面对面的交流使观念发生了转变。”环保主义者与开发人员协同合作，就如何在保护并改善沿海环境的基础上推进地区开发项目达成了一致意见。打个比方，没有人愿意自己下榻的酒店位于脏乱差的海边。这些看似完全独立的利益相关者突然能够有效沟通起来，并共同拟订相关规划。他们意识到，这是任何想要创造价值一方的必经之路。

正如常常对在微观层面消耗时间、精力的不利条件视而不见，我们也往往忽略了构成价值网络的诸多关联。无论有意还是无意，我们都需要依赖这类网络创造价值。当然，我们已经意识到了网络中比较浅层的关联，如买家和供应商之间的联系。但除此之外，我们通常并未给予更多关注。

问一个简单的问题：当谈及价值合作伙伴协同创造价值互惠网络时，你想到了什么？你是否构建过一个包括你的组织、客户、供应商及少数其他人在内的简易模型？

罗德岛项目涉及的环保主义者、政府官员和开发商在进行面对面协商讨论之前，对各自所持价值之间的相互依存及协同性几乎一无所知。这样的价值相互依存出乎他们的意料，而我们尚未描绘的价值网络中也充满了类似关联。

知己知彼：是否存在这样的组织，看似与你格格不入，但在相互依存的价值网络中，也可能成为你的合作伙伴，只是你没有意识到而已？

除了七大核心价值以外，全食食品超市的运营还遵循“相互依存宣言”，即“全食食品超市是优质食品业的积极领导者。我们公司旨在成为卓越食品零售商的标杆，这也是我们的职责使命。我们以高标准要求公司的方方面面。优质是全食食品超市一贯保持的初心”。

对于需要同时为内外利益相关者创造价值的全食食品超市而言，这一“相互依存宣言”意味着什么？为何称其为“相互依存宣言”？

麦基常常提起培养“体系智能”的重要性。他通过引用医学生学习人体解剖学的例子生动地阐述了这一观点。通过解剖课，学生们可以了解身体的肌肉组织、循环系统及主要器官，但这只是表面。麦基断言，如果学生接触的仅仅只有这些，那么他们永远不会真正了解人体及其健康状况。要想全面了解，他们需要观察活体与环境的交互作用，摄取各类食物的过程，同时还要学习如何处理人际关系。这意味着需要学习更为宽泛、完整体系中元素之间的关系。

通过回顾全食食品超市“为大众提供有机食品”的核心价值，我们可以清楚地认识到，在创造可持续价值的宽泛体系中，“体系智能”正发挥着作用，各种关联都被列入考量范围，并能做到各司其职。这八大价值如下。

· 销售最优质的天然有机食品。

· 让客户产生满足感，享受愉悦的体验。

· 支持团队成员追求卓越与快乐。

· 通过收益和发展创造财富。

· 为本地区及全球经济提供服务和支持。

· 践行并推进环境管理。

· 与供应商建立持续的双赢合作伙伴关系。

· 通过健康饮食教育提高利益相关者的健康水平。

以上八项做到最优，客户、供应商、股东都能收到应有的回报。利益与“长期股东价值”都很重要。

除此以外，核心价值还特别关注了“自主团队”的员工福祉，规定企业中任何个人的薪资上限不得超过所有全职员工平均薪资的19倍。公司内部的“责任制”将对其销售的产品进行认证评级，这样的举措体现出了“环境管理”的价值。当然，其核心价值还包括扩大有机产品的生产能力。

全食食品超市利用所有利益相关者协同一致的关键时刻，全力推动可持续价值的创造。全食食品超市是“全美国最健康的食品超市”，其价值互相关联，这也意味着零售商们正致力于寻求市场空间，为尽可能多的人提供符合社会潮流的、物美价廉的产品。其目标定位是“全美国最健康的食品超市”，而不是“位于奥斯汀麦基车库的最健康食品店”。创造可持续价值的关键便是要保护核心价值清单上所展现的诸多关联。

在构成真正价值网络的所有看似“非经济”关联方面，已经有越来越多的组织向全食食品超市看齐。被众多组织采用的“整合报告”便是一个很好的例子。“整合报告”从监管、战略、远景规划等方面为公司如何在短期、中期、长期内创造价值提供参考。这不仅仅是关于公司“底线”的分析研究，更多的是对组织绩效、连续能力的评估。

联合利华集团（Unilever）总监查尔斯·尼克拉斯如此解释公司采用此类整合报告流程的决定：

“我们生活在一个变化无常的世界，联合利华这样的企业长期面临着亟待解决的问题……我认为随着时间的推移，非经济信息将不可避免地成为我们进行企业自述时的重要方面。

“诸多广为流传的案例表明，由于投资人或者董事会对商业模式缺乏正确了解，或者未能在适当的时间对商业模式提出质疑，最终导致公司价值产生巨大损失。”

联合利华公司身处指数级变化时期，需要因时制宜，以新的“企业自述”方式来应对。对于这一点，联合利华的员工似乎了然于心。他们清楚地意识到，商业模式仅仅是传递和获取价值的一个过程。

当谈及那些因未能在适当时间对商业模式提出质疑而使价值蒙受巨大损失的公司时，你首先想到的是哪一家？

知己知彼：哪些“非经济”因素应该被视作你所在组织采用的商业模式的一部分？你最近是否考虑过这些因素？你为此采取行动了吗？

关于行动战略

我们不妨再回头看看行动战略法则。显然，“可持续价值创造”处于核心地位，见图2.1。

每个组织都需要为内外部利益相关者创造可持续价值，因此将价值放置于行动战略框架的首要及核心地位是极其合理的。环境条件中的战略机遇–风险激发了价值。战略机遇–风险是一把双刃剑，在相同的环境条件下，有些组织能够创造价值，而有些组织会经历价值破坏。

正如我们之前所说的，如果不坚持首要原则，一切都将分崩离析。如果你所在的组织尝试创造的价值与实时和潜在环境条件并无关联，那么所谓的战略机遇–风险只是海市蜃楼，投资很难得到回报，关联偏差意味着价值破坏。一旦你所在的组织不再能够为你及其他利益相关者创造价值，组织成员便需要检查一下组织状态，看看哪里出现了关联偏差。

知己知彼：你所在组织中的“价值破坏”有何表现？哪些迹象表明你所在的组织不再创造可持续价值了？除了“产品滞销”“利润下滑”以外，你还能想到其他迹象吗？

我们致力于创造可持续价值。也就是说，我们要向外部利益相关者（如客户、供应商等）传递价值，为相互依存系统中的内部利益相关者（如员工、投资商等）获取价值。这也意味着即使身处颠覆性变革的大环境中，价值传递不能中断，更不能被瓦解。价值是我们的最终目标。

那么，我们究竟应该怎么做呢？

定义组织创造可持续价值的机遇

无论作为医生、警察还是公司员工，每当需要做出重大决策时，我都会问自己：我对此的价值主张是什么？我的决策能为所服务的人们带来更多价值吗？

——理查德·卡莫纳

全面了解价值的定义及价值网络的运行方式后，你是否能够准确定义你所在组织所要创造的价值，从而利用指数级变化时代的颠覆以保持连续？你能分辨出什么是重要的，对谁是重要的吗？你能准确指出希望传递的可持续价值，以及你所在组织自身获取的价值吗？

定义价值意味着基于对环境条件及相关战略机遇-风险的评估，收集可靠信息，给出上述问题的答案。这是成为一名“现实博士”的必经过程。真正的价值主张不是夸夸其谈，也并非源于纸上谈兵的设想或毫无根据的愿景，更不可能是让人感觉飘飘然的陈词滥调或营销文案——尽管好的价值主张也可以取得一定的营销效果。全食食品超市的七大价值可能会让人觉得只是为了打造品牌而做的自我设定，但事实上，这是企业实际战略方针的具体体现。

对预期创造可持续价值的定义，需要建立在对你所在的组织真正能做的事情进行实际评估的基础上，该从何处下手呢？

验证战略机遇-风险中的价值

牢记首要原则：要想创造可持续价值，战略机遇-风险、能力、催化行动必须与内外环境条件均保持高度一致。

如果不靠验证战略机遇-风险来保证可持续价值的产生，那么一切都是徒劳。环境条件好似星空，战略机遇-风险如密布的繁星。请务必谨记，只有战略机遇-风险推动你所在的组织创造可持续价值的时候，它才具有自身存在的价值。

接下来，你需要确认两点：一是创造真实价值的可能性，二是促使价值创造成为现实的、相互依存的价值网络。

这比简单的经济输出要求更高，涵盖范围更广。比如，你所面临的环境条件可能会带来在新客户网络中发展与建立联系的机会。这样的价值是无法进行简单量化的，这是一种值得深入分析研究的战略机遇–风险，尤其从长远来看，可能会增强企业发展壮大的能力。

在进行深入思考的同时，请你将柯达及百事达公司的案例铭记于心。它们忽略了哪些价值网络以及创造长期价值的机会？

当深入探究环境条件及相应的战略机遇–风险时，你需要考量组织向他人传递或为自身所创造的价值是否具备以下价值标志。

1. 价值网络： 拥有或有渠道获取客户及供应商的关系网络，以确保价值的充分交换与共享（例如苹果公司）。

2. 敏捷性： 信息、理念、创造力、承诺以及决策能够及时发布，并与不断变化的环境条件保持同步。

3. 环境条件： 各类信息情报，使得已经、将要或可能影响组织的实时及潜在环境条件能够被有效识别，能就此类环境条件达成共识，以便做出及时、明智的决策。

4. 增值能力： 通过持续开发有价值的产品、服务及相关流程，在诸多竞争者中脱颖而出，具备超凡的增值能力。

5. 自然环境： 可利用的自然资源，尤指那些支持可持续价值创造的资源（例如洁净的空气、清洁的水源、稳定的气候、健康的土壤、可再生原材料、安全的食品来源等）。

6. 金融： 获取资本的渠道以及实现持续、稳定投资回报的潜力。

规划价值并绘制价值网络

接下来，你需要描绘出价值网络中的关键点。你在创造价值过程中的合作伙伴是谁？是否存在之前并未察觉的相互依存关系？谁是最为重要的参与者？其为你增加了什么价值？

知己知彼：如果将你所在组织价值网络上的关键点遮住，你是否还能一一回忆起来？是否会有所遗漏？

我们可以从最简单的关键点开始——客户及供应商，接着继续深入：那些容易被你忽略的利益相关者分别是谁？

图5.3中呈现了七个关键的价值合作伙伴，他们相互依存。如果切断其中之一，剩下的合作伙伴都将受到影响。在更为复杂的价值网络中，其他价值合作伙伴也应被考虑在内，如能源供应商、运输商、媒体等。现在，你需要将组织视为互惠价值生成网络中的一个节点。你在帮谁解决问题？谁又在帮你解决问题？在这个网络中，你将从谁那里获取价值，又将把价值传递给谁？这样的价值流动能持续多久？网络中是否有因素会起到负面作用，阻碍或改变价值流动？

图5.3　简易价值网络：以葡萄酒产业为例，规划绘制相关价值网络

用语言表达出来

以上你已经仔细审视、分析了环境条件及相关战略机遇–风险。你寻求各类价值，有从直接的、可以量化的因素中产生的价值，也有从无形但至关重要的因素中产生的价值。你已经对体系智能进行了测试，对所在组织进行了“解剖”，以便将组织视为相互依存的关系网络中的一部分。

你已经勾勒出了大致框架，现在需要将其细化。

通过回答以下问题，你可以对需要创造的可持续价值进行定义。

1. 我们将向谁传递什么样的价值？

2. 我们将从何处获取怎样的价值？

3. 我们将如何衡量产生的价值（包括获取及传递的价值）？

4. 我的整个团队是否协同参与并致力于创造价值？

上述问题足以帮助你进行价值定义。我们不妨回想一下全食食品超市的七大核心价值。全食食品超市提出的每一种价值，某种程度上都对应回答了上述某一问题。这七大核心价值是全食食品超市强有力价值主张的体现。至今，这种价值主张依然使全食食品超市的客户、供应商、股东以及员工维持着相对稳定的关联性及协同性。全食食品超市所传递的信息足以引领一场被商人们称为“自觉资本主义”的新兴运动。尽管全食食品超市的批判者们对于麦基没能坚持运营“全素食店”颇有微词，但到目前为止，从未有人指责过他所创办的企业缺乏持久力或影响力。全食食品超市不断创造着可持续价值。

保持真实

事实是一种观点、看法，但真实性无法伪造。

——彼得·古贝尔

如果你希望从环境条件所提供的战略机遇–风险中创造可持续价值，还有一件事情不容小觑。

你需要向他人传递价值，这一点至关重要。这正是你需要花时间了解如何融入相互依存网络的原因。

真实非常重要。如果你提出的价值主张及其产生的品牌效应都是纸上谈兵，那么你所在的网络会有所感知。从长远来看，这对你有害无利。社会上那些“看起来运营良好，实际上漫无目标”的大型组织比比皆是，其实早就被后起之秀远远甩在身后，想想百事达公司和网飞公司。

市场上已经刮起了“管理适应性衰退”之风，诸多组织仅局限于品牌发展，恰恰是这些所谓的“品牌”制造了创造真正价值的假象。想一想那些银行，一方面口口声声说关心客户，一方面让毫无偿还能力的客户贷款买房，最终令他们资不抵债，无家可归；想一想那些快餐品牌，一方面号称能够为客户带来极佳的美食体验，一方面助长着肥胖症的流行；想一想那些抗衰老产品，一方面承诺能够令消费者青春永驻，一方面却加入可疑成分，危害着消费者的健康。

正如亚伯拉罕·林肯所说：“你能蒙人一时或蒙人一世，却不能蒙天下人一世。”自社交媒体出现以来，消费者越来越重视生活体验。那些与真实品牌体验不符的、哗众取宠的营销活动已经不能蒙蔽消费者，使其盲从或轻易就范。

全食食品超市庞大的客户群体使得麦基的连锁企业成为

世界上最值得信赖的企业之一，其成功秘诀就在于全食食品超市使消费者产生的生活体验完全符合品牌承诺。消费者在喜爱的超市中享受着愉快的购物体验，这增强了他们对全食食品超市的信赖。从信息齐全的产品标签到热情周到的员工，全食食品超市让消费者有理由相信它所传递的价值。并且，在社交媒体时代，尤为重要的一点是，消费者乐于公开分享这些愉悦的体验。

请展现企业真实的一面。对外进行品牌及价值宣传后，你最终需要对此有所证明。在你回答了“谁会在意”的问题之后，你还要回答一个同等重要的问题：“他们会持续关注吗？”

请做好履行承诺的万全准备。

颠覆应对就绪情况检查（三）

· 我们能够回答以下问题：为什么人们会关注我们在做的事情？他们的关注度会持续多久？

· 我们了解，在相互依存的网络中创造经济及非经济价值将为组织保持连续铺平道路，同时有助于我们利用非连续。

· 我们可以通过分析环境条件，找到其中所蕴含的战略机遇–风险，从而创造真实的可持续价值。

· 我们意识到，如果试图获取或传递的价值与通过环境条件分析所验证的价值不一致，我们将面临价值破坏的巨大风险。

· 我们可以对正在传递和获取的价值进行定义，并描述价值网络中的价值流动。

第六章

恰如其分：拥有画龙点睛的能力

健全的核心竞争力体系如何帮助组织兑现创造价值的承诺？

电动汽车公司Tesla（特斯拉）是如何通过因时制宜地投资完成其革新使命的？

新技术通常价格不菲，在产生初期价格更是居高不下。一部手机的价格曾经是2000美元……你需要占领足够的市场份额后才能让手机销量上升，从而促使价格下降。所以，电动汽车应该以低廉价格进入市场的想法是很不合情理的。

——马克·塔彭宁

为革新提供资金支持

美国通用汽车公司首先意识到了这一点。

作为有史以来第一款量产的电动汽车，EV1似乎仅得到了少数“环保主义者及技术控”的青睐。因此，在2003年，通用汽车公司停止了EV1电动汽车的生产，并开始对车辆实行召回。通用汽车给出的解释是：电动汽车销售业绩惨淡，为少量电动汽车进行配套基础设施建设并不合理。最终EV1被全部报废。

然而，一小部分秉持“绿色环保理念”并热衷技术的EV1车迷引起了马丁·艾伯哈德和马克·塔彭宁的关注。这两位企业家彼时刚联合创立了Tesla（特斯拉）电动汽车公司，力图使电动汽车重新焕发生机，成为清洁能源技术的领军者。他们对通用汽车公司的相关分析数据很感兴趣：购买EV1电动汽车的客户群体平均年收入高达约25万美元。并且，当丰田汽车公司推出Prius Hybrid（普锐斯混合动力）车型时，虽然售价高昂，销量却好得惊人，极大地抢占了雷克萨斯汽车的销售市场。

塔彭宁和艾伯哈德决定要为“富人们”打造汽车品牌。他们意识到，节省燃料费用并非电动汽车爱好者的兴趣所在。相反，“环保主义者和技术控”在利用电动汽车表达自身价值观的同时，更希望其满足奢华享受及卓越驾驶性能的要求。

塔彭宁和艾伯哈德制订了相应战略：特斯拉将自上而下地席卷汽车市场。他们希望利用富人们愿意购买“引人注目的汽车”这一心理，不断扩大销售规模，从而降低成本，使其最终成为普通消费者也有能力购买的产品。这与乔布斯提出的“至关重要的细分市场”如出一辙。这些富有的“环保主义者和技术控”有丰厚的财力来支持一场革新。

战略清晰明确，但特斯拉公司能够成功践行吗？

特斯拉公司预期研发的高性能车辆需要使用大型高能率低密度电池组。与电动汽车动力系统公司AC Propulsion共同分析研究后，其认为，制造这样的电池组是完全可行的。另外，特斯拉公司可以效仿其他汽车制造商从承包商处购置汽车零件，不必自行生产。因此，他们找到了Lotus（莲花）汽车公司进行合作。汽车中的复杂机械将由软件取代，特斯拉为此广泛引入高科技技术，雇用了一批来自硅谷的极具创新意识的设计师和工程师。特斯拉还与一些风险投资者合作，其中包括因创立PayPal（贝宝）支付平台而声名鹊起的天使投资人埃隆·马斯克。

在特斯拉公司的大力推进下，名为“Roadster”的酷炫超级跑车诞生了。这辆兼具强大性能与个性外观的特斯拉跑车着实诱人，它拥有普通汽车无法匹敌的加速动力，让狂热的跑车爱好者为之折服。

特斯拉曾为一个富人提供Roadster新车的试驾体验服务，希望以此说服他进行投资。塔彭宁依然记得，车开出去没多久，电话响了。电话另一头的试驾人似乎有些恼怒——发生什么事了？

心烦意乱的试驾人对塔彭宁说："你让我拿刚买的保时捷怎么办？它花了我整整25万美元，现在看来真不值！"

特斯拉公司做到了。

风云人物

美国的繁荣发展并未中断。我们依然身处最具创造力、最多元化、最具创新文化的开放社会——在这个世界上，最重要的竞争优势便是拥有能够通过想象激发新想法，并通过全球合作将其践行的能力。

——托马斯·弗里德曼

不妨将自己想象成一位英俊强壮的男主角，此时目光正坚毅地望着窗外，一场似乎在电影银幕上才能目睹的暴风雨正从天空的另一头步步逼近。收音机里传来惊恐的声音，告诫听众们一场灾难即将来临。人们纷纷从前门跑了出去，发动汽车，准备逃离。

而你并不会如此慌乱，因为你知道该如何应对（用自己设计制造的先进技术装备拦截龙卷风？或者至少在暴雨无情袭击的关键时刻，体会它所带来的一丝浪漫？）。你转过身，背对暴风雨，门厅的镜子里映出你的模样。

你扪心自问：“我是否如愿以偿，得到了自己想要的？”

你一定看过这类电影。当你面临个人困难或者职业挑战时，很可能会在大脑的记忆库中努力搜寻这样老套的电影场景（有时候我们需要把自己想象成超人）。这些影片引人深思的很大一部分原因是它们生动形象地展现了我们在思考行动战略的关键时刻会经历的问题。

龙卷风来临之前，你一直紧紧地盯着窗外，可能会比平时看得更远些。但因视野所限，你无法从更为广阔、宏观的层面观察模糊、抽象的变化发展。你凝望着窗外，制订计划，准确指出行动的对象与内容，然后停下来，开始审视自己。规划的正确性需要时间来证明。

这就是能力，要能做到“恰如其分”。

什么是“能力”

有些人凭借着运气和技巧，获得了大量财富。如果你擅长踢足球、编写软件、投资股票的话，你会获得极大的收益回报。

——比尔·盖茨

你可能会对我们接下来要探讨的问题感到似曾相识。还记得我们之前提到的你需要规划、描绘价值网络，尝试发掘能够将你与其他价值合作伙伴联系起来的现有资源，并使自己成为创造价值良性循环中的重要一环吗？你可以从环境、流程、关系网络、人脉等不同方面寻找价值。我们想告诉你的是，以下八个方面都可能体现出你的能力。

1. 环境。

2. 你的团队成员。

3. 你的关系网络。

4. 你的软件条件。

5. 你的硬件条件。

6. 你的操作流程。

7. 你的原始投入。

8. 你的增值产出。

价值和能力所涉及的方面似乎有所重叠。在进行对比解释之前，我们先来深入探讨一下能力的基本定义。

能力的含义简单直接，是指能够胜任某事。比如，一台收音机“能够”播放音乐。容量通常是指能力的多少、大小。比如，当转动音量旋钮，调至让左邻右舍都能听见的音量时，我们便了解了这台收音机播放音乐的能力“容量”。胜任力是指相关技巧及适应能力得以发挥的水平。例如，收音机能够接收信号，清晰地进行广播而不受静电干扰，即使出于无奈，邻里也能清晰地听到收音机里播放的流行音乐。

如果你拥有这台收音机，并把它划归至“价值”清单中，你可以在清单上加个脚注，证明其存在的必要性：“邻居需要收听美妙的音乐。我的邻居很看重音乐。”（你可能需要征求利益相关者的意见，但在这里并不重要。）但如果你想要将这台收音机划归到“能力”清单中，标注可能有所不同：“它播放音乐音量大且清晰，左邻右舍都能听到。”只有会调频且知道使用方法时，收音机对你来说才具备价值。

价值在于观察外部，能力在于审视内部。当从“利益相关者希望从我们身上获得什么”的角度看待现有资源时，我们所看到的是价值；当从“我们打算怎么做，即如何向利益相关者传递其所需价值”的角度看待同样的现有资源时，我们所看到的便是能力。能力赋予价值活力。

知己知彼：是否存在你不知如何传递的价值？你能说出一种赋予价值活力的能力吗？

任何组织都会投入时间、财力、资源发展能力，就像电影里的主人公会趴在地板上，迅速做20个标准俯卧撑，以达到强身健体的目的，他正在为自己健壮的体形做着“投资”。

重视能力将为创造价值提供动力，而行动战略的核心正是产生价值。重要的是，创造的价值必须是有效的、合理的。因此，一旦组织在能力上的投资出现差池，它们不仅有钱财一空的风险，还可能会失去在稳定状态下持续发展的机会。试想一下，如果电影中的主人公成天只做俯卧撑，而忽略了工程学研究的话，纵然有坚实的臂膀拥抱恋人，但我们绝无机会一睹他成功利用技术抵抗自然灾害的风采。庆幸的是，这是我们塑造出的英雄形象，他刚好花了恰当的时间在健身上，同时也花了相当一部分时间调试装备。

知己知彼：你所在的组织将大部分时间、财力等资源投入到了什么上面？为什么？

将所有展现你传递价值的能力汇集起来，能力网络便形成了。如同价值网络一样，能力网络中至关重要的是：各种能力环环相扣，彼此强化促进。尽管“协同”已成为商界的陈词滥调，但它仍然占据着极其重要的地位。整合后的能力会产生组合效应，其优势比各种独立能力更为显著。如果你所在的组织中“1+1”只能等于“2”，那么必将被“1+1”等于“3”甚至等于“10”的组织所淘汰。

能力不等同于资金。资金可以用来获取能力，仅代表获取能力的倾向。能力也不等同于资产。资产和资金一样，在支撑或强化组织能力时才真正具备价值。苹果公司数十亿美元的资金储备可能会给其带来可信度与安全感，但仅凭资金是不能研发苹果手表、生产苹果手机或提供iTunes平台的。这些产品的诞生都归功于苹果公司所具备的能力。

那些使柯达公司一度成为商业巨头的资产无法保证其免于破产。唯一阻止公司衰败的方式是，使用资产来获取能力，这样可使柯达公司在日新月异的市场中具备一定的竞争力。

在颠覆性变革的环境中，资产通常相对固定，只有根据实时情况寻到买主，将其出售，才能体现其价值。组织所处的最佳状况是利用资金支持创新，在颠覆性变革到来之前做出改变；最糟糕的境地是，倒闭后将所剩无几的资金返还给股东们。

在柯达公司破产案例中，其相机胶片业务资产所产生的回报少之又少。潜在买家早已了解相关环境条件，全盘否定柯达公司这些所谓的“宝藏”，将其视作搁浅资产。买家在这些知识产权的拍卖过程中享受了巨大折扣。如果柯达公司能在占据市场主导地位的鼎盛时期充分运用这些“奇思妙想”，会大大有利于其发展。但时至2012年，柯达公司这艘泰坦尼克号般的巨轮已经撞上冰山，无法改变其注定沉没的命运。

我们需要从柯达公司案例中汲取的教训是，不能连续仅靠资金或资产维持，尤其是在颠覆性变革时期。

相反，利用不连续的价值需要具备一系列特殊能力。百事达公司多年来创造价值的能力已经疲软，对于网飞公司所激发的不连续毫无防备。网飞公司不断发展壮大，虽然其拥有的资产和资金无法与百事达公司匹敌，但利用一系列特殊能力传递的价值远远超过了百事达公司。

行动战略中的能力

让我们来重温一下行动战略法则。到目前为止，我们已经对环境条件进行了评估，识别出了有可能创造可持续价值的战略机遇–风险。

在行动战略中，当你了解了如何创造价值后，便可尝试思考自身所具备的能力。从这一角度进行思考将促使你更加有效地关注那些能够创造特定价值的能力。也就是说，你需要擦亮眼睛，审视你所在的组织，观察其已经具备的能力、需要开发以及借助的能力，以便兑现持续创造优质价值的承诺。

在创造既定价值方面，能力有主次之分。有些能力明显具备更强的关联性。如果忽视那些至关重要的能力，或者说完全不具备这样的能力，那你创造价值的期望就只会是一场黄粱美梦。你的价值主张将不再有效，组织将不可避免地走向管理适应性衰退。

随着对行动战略法则探究的不断深入，首要原则似乎越发不言而喻。“协调一致”是一切的前提。尽管在实践中，行动战略充满灵活性且环环相扣——虽然这是一种思考和行动无缝衔接的方式，但将其拆分成一系列步骤逐一学习极有意义。这些步骤整合后所产生的结果非常重要：为巩固自身的连续提供可持续价值。

知己知彼：假设在并未考量创造可持续价值潜力的情况下，你已经列出了组织所具备的主要能力。该列表与你在行动战略框架中所创建的列表是否有所不同？

接下来，我们将探索衡量重要能力的相关工具。在此之前，我们先要更为深入地了解能力。

从普通人到主导者

我们整个团队都致力于从价值角度出发来管理公司——修正、停止那些阻碍价值的运作方式，扩展、增强那些提高价值的运作方式。

——菲尔·康迪特

现在，我们不妨将注意力转移到行动战略思维上。我们了解到，要想从环境条件及战略机遇–风险中激发出期望的价值，能力起着关键作用。我们的最终目标是可持续价值，因此激发价值的能力也有主次先后之分。那么，我们该如何区分这些能力，并将它们按照价值传递由多至少的层级顺序进行排列呢？对此，我们探索出了一套对能力进行分类的基本方法。

一般类别

一般类别的能力被视为入行基本能力，在行业间通用。在各行各业的各个组织中，你都能体会到它们的存在。

我们不妨设想一下，一家能够正常运营的普通航空公司，需要具备人力资源、财务、领导、管理以及市场营销等能力。这些能力是组织通用的，且具备一定的可实践性。这是一个组织得以生存的基本要素。我们将这些能力称为“保健”能力。

专业类别

现在我们已经具备了一般类别的能力。除此之外，我们还需要专业类别的能力。专业类别的能力并不能给你带来极强的行业竞争力。这是你所在的特定行业或领域中各个组织所共有的能力。

例如，航空公司有飞行、规划航线、维护飞机并确保乘机人安全的能力。这是世界上每一家航空公司都具备的基本能力。这在航空业中保持一致，同时也是由飞行行业标准所决定的。

优于行业标准的增值类别

这是你所具备的出类拔萃的能力，将使客户有充分理由选择你而非你的竞争对手。凭借增值类别的能力，你将遥遥领先于行业一般标准。

你所传递的价值将产生出乎意料的效果。

例如，我们的航空公司可提供可以转变成舒适卧房的商务舱座位，空姐会为乘客们讲笑话，提供创意餐食，座椅之间更为宽敞，机上娱乐活动更为丰富。这并不是航空业的既定标准，拥有这些能力会使我们成为航空业的领军者。

知己知彼：对你来说，迅速罗列出组织一般类别、专业类别、增值类别的能力是否困难？你是否能够轻松对其进行分类，还是很难区分它们究竟属于“符合行业标准的专业类别”还是“优于行业标准的增值类别”？

核心竞争优势

创建一家公司就和烘焙一块蛋糕一样，你必须把所有原料按照既定比例配好。

——埃隆·马斯克

将专业能力与增值能力相加，便形成了能够帮助你超越对手的核心竞争优势。这些能力存在于核心体系中，体现着企业的生命力。它们就好比组织的中枢神经系统，一旦失控，组织将变得迥然不同，传递的价值也会大相径庭。

知己知彼：组织产生的价值如何与能力保持相关？这些究竟是增值能力还是专业能力？

自保时捷车主对试驾的特斯拉汽车赞不绝口后，特斯拉公司持续朝着革新汽车行业的目标稳步前进。特斯拉公司推出的Model S车型预示着其向低成本电动汽车的大众化方向又迈进了一步。Model S车型持续热销，并且在安全、性能、环保等方面屡次获得大奖，为特斯拉公司带来了持续在高位运行的股价。

为了实现战略目标，特斯拉公司需要进行适当的投资。幸运的是，公司的创始人们似乎清楚地了解特斯拉的强大竞争优势所在。他们利用现有资源开发出了一套精准的核心能力体系。

最重要的是，他们聘用了硅谷最精明的人之一——埃隆·马斯克，他从特斯拉最大的投资人一跃成为首席执行官。马斯克建立的团队如同技术公司中的“特种部队”一般精锐。他只留下了那些具备特殊才能的人，其他碌碌无为的人都被调出了核心团队。

特斯拉的“特种部队”将精力集中于高端设计上。他们制造出的汽车能够像电脑一样运作，像智能手机一样自动更新，同时他们也致力于电池技术的不断优化。像苹果公司一样，特斯拉公司自主掌控营销，开设自己的汽车商店，提供令人愉悦的、吸引人的销售环境来完善品牌。此外，他们设立了随处可见的充电站，为特斯拉汽车用户能够随时给车辆充电提供便利。

换言之，特斯拉公司深知如何利用优于行业标准的增值能力，发挥其真正优势。特斯拉目标明确，并对合适的人、恰当的技术进行投资。汽车部件问题在特斯拉公司成立初期并非关键性问题，因此将其委托给了Lotus（莲花）公司这样的承包商。电池技术问题才是核心问题。采用合理的优先顺序，特斯拉公司恰如其分地运用能力，就这样，一个新的行业领军者诞生了。

完善的核心能力体系并不仅仅局限在一成不变的战略上。当环境条件发生改变，或者新的战略机遇–风险出现时，它可以指引组织适时转变。2015年，马斯克宣布特斯拉公司研发的低成本的太阳能电池将推向能源市场，用于家庭、企业及公共设施。这则消息吸引了无数人的眼球，意味着我们距离脱离化石燃料能源又近了一步。特斯拉公司致力于改进电池技术，而旗下杰出的设计人才有能力让公司以特别的方式实现其价值主张。

实现这样的价值主张并一举革新汽车行业称得上是丰功伟绩。在理想情况下，每一个组织都应该能因时制宜地进行投资，像特斯拉公司那样，胜券在握地利用颠覆。但遗憾的是，这并非现实。那么，当组织能力体系并未得到充分利用时，会产生什么样的后果呢？

校正能力

我的生活理念一贯如此：一旦遇到棘手问题需要解决时，应该选择面对，而非逃避。

——亨利·保尔森

21世纪初，通用霍顿汽车公司正处于发展的十字路口。良好的口碑使得这家澳大利亚汽车制造公司在20世纪90年代的发展一帆风顺，然而随着新纪元的到来，其国内市场份额不断下跌。2003年，丰田汽车公司取代通用霍顿汽车公司，成为澳大利亚汽车销售市场的龙头老大。曾经在澳大利亚大卖的大型轿车逐渐被节能车型取代。

尽管如此，通用霍顿汽车公司在亚洲市场的前景仍一片光明，但其真正打入亚洲市场并站稳脚跟依旧是一件难事。通用霍顿汽车公司进军韩国市场的初步计划执行得并不顺利，在其他国家的市场中也无显著进展。

通用霍顿汽车公司的战略工程师以及“Resilient Futures（弹性未来）”的行动战略执行师彼得·沃德瑞共同负责战略制订，帮助通用霍顿汽车公司培养真正的全球竞争力。实现这一目标的关键便是解决打入亚洲市场的难题：阻碍通用霍顿汽车公司与客户进行顺畅沟通的因素是什么？与此同时，他们了解了那些会对通用霍顿汽车公司产生影响的环境条件，并能够妥善应对风险与机遇，也就是影响澳大利亚客户购买模式的环境因素，以及拉动新兴市场需求的经济增长。基于以上评估，他们制订出了清晰、明确的目标。

除此以外，对于公司内部情况也需要进行深入的分析与评估。

正如诸多曾经辉煌过的公司一样，通用霍顿汽车公司并没有认真分析研究之前成功的原因到底是什么。随着环境条件的不断变化，这些曾经引以为傲的成绩正逐渐成为公司发展的绊脚石。同样，他们也并未深究公司存在的弱点与不足，直到变化的环境条件使之成为公司发展所面临的巨大风险。

通用霍顿汽车公司为何一度大获成功，又存在哪些软肋呢？

通用霍顿汽车公司的优势显而易见。作为一家拥有极高天赋的汽车制造公司，其设计师及工程师团队能够高效地设计研发出一系列高性能产品，以适应澳大利亚极具辨识度的汽车文化。几乎没有什么设计研发上的问题是通用霍顿团队不能解决的。

通用霍顿汽车公司需要解决的并非技术性问题。具体来说，其需要加强组织内部以及与外部各利益相关者的沟通。其并不了解共同制造产品的合作方，也不熟悉购买其产品的客户。

沃德瑞解释道：“我们本是为驾驶者设计汽车的。但在一些亚洲国家，你还需要考虑坐在后座上的人。”

他对一位韩国高管与一名通用霍顿汽车公司工程师间的交谈记忆犹新。这名工程师对为什么不能在车顶安装空调控制按钮感到十分困惑，从功能角度考虑，这确实非常实用。那位来自韩国的利益相关者一语道破原因：“因为坐车的领导不想自己动手啊！”

通用霍顿团队对沟通方式的校正与改善最终产生了显著效果。这不仅为其成功进军亚洲市场铺平了道路，还使公司革新取得了巨大成功。

评估并描述能力

你可能已经与特斯拉公司一样，把所有适宜要素按主次进行了归类，明确了自身的竞争优势；或者同通用霍顿汽车公司一般，进行了适当调整，以应对颠覆性变革的大潮。有没有一种方式能够让你清晰、明确地掌握现状，并了解如何集中精力创造可持续价值呢？

首先，列举你的专业能力及增值能力；接着，逐一评估这些能力的强弱；再根据网络中的相关要素，问问自己是否能产生“1+1>2”的效果。

我们使用行动战略能力模型来准确表示组织的核心能

力，如图6.1所示。

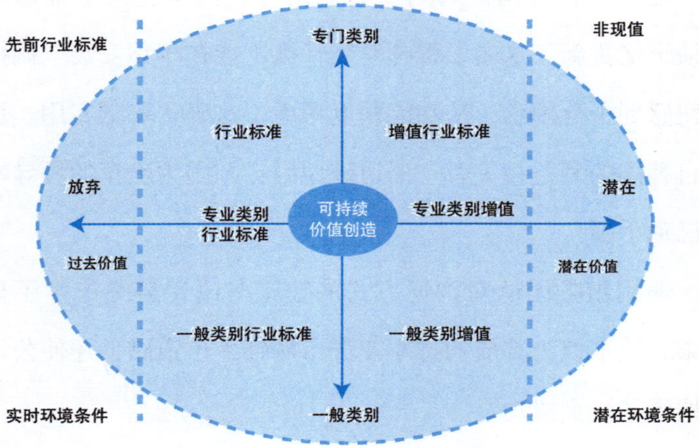

图6.1　行动战略能力模型：一种及时对能力进行识别及投资的辅助工具，以创造可持续价值

这个模型直观地展现了我们需要具备的能够带来竞争优势、激发可持续价值的能力。

行动战略能力模型使我们能够根据实时及潜在环境条件，描述影响组织及行业发展的相应能力，并养成行动战略的思维习惯。

我们需要对照模型，寻找下列问题的答案。

· 去年我们具备哪些重要能力？哪些能力将在未来几年传递优于行业标准的真正价值，成为使我们业内领先的关键因素？（上一年的增值部分总会作为下一年的行业标准）

· 哪些能力不再占据主要地位，无须强调？哪些能力正在变得越来越重要？

· 我们是否急需获取某些尚缺的，避免公司走向衰败的增值能力？

· 我们的专业能力是否能够满足客户的期望，提供符合组织定位的产品或服务？

· 我们的一般能力有何缺陷？一般能力如同足球运动员的钉鞋，虽然对比赛输赢不起决定性作用，但没有它们，运动员们就无法正常参赛。

将各种能力归置到模型中后，我们便可以根据能力的强弱对其进行评估，并遵照这一结果将投资集中到能够创造可持续价值的能力上。运用这一模型时我们需要牢记：能力低下或缺失更强有力地说明了首要原则的合理性，要想创造可持续价值，战略机遇-风险、能力、催化行动必须与内外环境条件均保持高度一致。

"与环境条件保持高度一致"是"时机就是一切"的另一种表达方式。恰如其分地对合适的能力进行投资意味着与实时和潜在环境条件保持一致。当百事达公司身处急速下滑的实体视频市场（环境条件），却不断增加门店数量（能力）时，其只能加快向管理适应性衰退方向发展的速度。其想当然地认为更多的实体店会增加更多价值，而这显然是一个天大的错误。他们在错误的时间进行了错误的投资。

拥有舍弃能力的勇气至关重要。有时候“摇钱树”也需要修剪枝叶。遗憾的是，舍弃这些能力并非易事，毕竟它们曾经是组织发展的基石。“如果朝着‘精益’方向发展，我们仍然可以榨取一些价值”。这样的想法似乎合情合理，但如果你拒绝舍弃的能力仅存在于资产负债表上，成了无处安放、破坏价值的闲置资产，便又是另一回事了。没有买家，没有价值，没有未来，其只是累赘。

以化石燃料行业为例，不可否认的是，特斯拉公司在制造电动汽车的过程中，市场对于化石燃料产生的电力需求可能会出现短暂的增长。然而与此同时，太阳能、热能、风能等替代能源的使用与普及也正以指数级的速度发展。此外，特斯拉公司自行研发的新型低成本电池技术将很快使发电与电力存储成为免费服务。

你是否在喃喃自语：“化石燃料将成为闲置资产吗？”

我们的确这样认为。

看管好“篮子”

损益分界线存在于评估测算风险与不计后果的决策之间。

——查尔斯·杜希格

当你描绘出核心能力体系后，那个唯一至关重要的问题变得简单起来：你应该在什么能力上进行集中投资，以产生可持续价值？

特斯拉公司选择全力以赴地进行电动汽车的研发与制造。其保持一贯的专注，并未考虑过使用混合动力技术或者氢燃料电池。从一开始，特斯拉公司便选择了一套比行业标准更为增值的能力，随后投入大量人力及财力发展这些能力。

埃隆·马斯克曾经如此评价特斯拉公司的专注性及其风险评估："只要你能看管好'篮子'，将所有鸡蛋都放进同一个篮子里也未尝不可。"

对错误能力进行错误投资，只会招致非连续的风险。一旦投资正确，你将有可能成为一场革新的引领者。

颠覆应对就绪情况检查（四）

· 我们意识到，能力是推动可持续价值产生的引擎。因此，任何一个组织都应在能力培养及获取方面投入时间等资源。

· 我们了解到，拥有资产与在适合的时间拥有能力有所差异。那些无法转化成能力且不能适应未来的资产将成为破坏价值的搁浅资产。

· 我们了解到，能力有一般类别、专业类别、增值类别之分。在核心能力体系中，专业能力及增值能力占据最为重要的地位，它们形成了组织的竞争优势。

· 我们使用能力模型等工具对核心能力进行评估及描述，以确保因时制宜地对合适的能力进行投资。

第七章

激发能量：指数级增长需要催化行动

在颠覆性变革环境条件下，催化行动如何激发协同效应？

Uber（优步）公司是如何实施及时有效的催化行动，以应对指数级增长的？

很多时候，激发创新行为的并非金钱，而是发展、探寻人类所需的能力及创造力。

——特拉维斯·卡兰尼克

催化剂

2012年3月13日，美国波士顿后湾一片黑暗。

波士顿后湾希尔顿酒店附近一所变电站的115 000V变压器引发火灾，消防部门被迫中断了电力供应。大火导致该地区浓烟滚滚，市政当局不得不临时更改地铁行进路线，封锁城市街道。这个人人称羡的富人区陷入一片沉寂。

几天后，一位名为“波士顿优步”的博主发布了这样一个帖子：“唉，这真是让人抓狂的36小时！停电的两天里，后湾没有任何娱乐活动。我就住在离后湾希尔顿酒店不远的街区，两万多户居民家中断电，附近的酒吧、餐厅、商店也未能幸免。

“既然现在一切还在恢复中，我们希望确保您尽可能便捷、舒适地到达后湾区。为#助力后湾区#，我们决定：自今日下午4时至明天凌晨4时，所有往返后湾区的行程费用减半。您完全不必为乘坐地铁或出租车到后湾的不便而感到困扰！我们会将您安全送往您想去的任何地方。……

“后湾对于我们来说非常重要，让我们给予遭受火灾及停电影响的后湾区更多的爱与关注吧！请以#助力后湾区#为话题，发送推文表达您对后湾的支持，以实际行动帮助后湾区的每一个人！”

当你把富人区、火灾、网络社交媒体以及颠覆交通出行的新兴企业放在一起，会得到什么呢？答案是：催化剂。至少特拉维斯·卡兰尼克会这么说。

若干年前，巴黎的一个冬夜，互联网企业家卡兰尼克与他的伙伴加勒特·坎普闲聊着。坎普当时刚刚将其创立的首家网络公司StumbleUpon卖给了eBay（易贝）公司，并已经做好准备迎接下一个巨大挑战。他的思路清晰明确：利用应用程序解决旧金山糟糕的出租车服务问题——用户只需轻轻一点，便能叫车。当时的卡兰尼克也刚刚卖掉自己的流媒体科技公司Red Swoosh。经历了数十年的艰苦创业与商海沉浮，他早已身经百战，伤痕累累。他并未立即接受坎普的提议，说自己并不想经营一家“豪华轿车出租公司”。

尽管如此，坎普还是十分积极地做着准备。2009年，他购买了“UberCab.com”的域名。2010年夏天，一个功能完备的应用程序诞生了。在创建网站和开发应用程序的过程中，他还从易贝手里购回了自己的公司StumbleUpon。将“UberCab（优步出租）”推向市场时间紧、任务重，坎普便邀请卡兰尼克作为公司“首席孵化人”进行合作。

卡兰尼克已经恢复了为商业活动奔波忙碌的热情，欣然接受了这一职位。对于坎普和全世界迫不及待的车友们来说，卡兰尼克的加入是个极好的消息。他制订的孵化策略迅速将优步这一P2P革命典型推向了市场，引发了出租车行业的颠覆性变革。仅仅用了五年时间，它便从单一域名和应用程序一跃发展成为今天的颠覆性行业巨头。

2010年时，优步对出租车服务提出的改进方案看似十分简单——只需轻轻一点，车便来了。优步遇到了合适的时机：经济衰退后，司机们对于从优步网络中赚取额外收入颇感兴趣，而那些能自如使用网络技术的市民希望应用程序能为他们带来更舒适便捷的出行体验。除此以外，纽约和旧金山的出租车服务水平确实不尽人意——等待时间长、乘客不满意度高、乱收费现象层出不穷。优步的出现为很多人解决了这些问题。优步已经在业内拥有了一定口碑，卡兰尼克及其团队是如何趁热打铁的呢？

一举进入市场后，优步在社交网络上推出的“助力后湾”活动仅仅是改善美国各城市交通现状的简单“试水”，以便更好地应对颠覆性变革环境。就像苹果公司了解“极度相关的细分市场”，特斯拉公司熟悉“环保主义者和技术控”一样，优步公司知道这场“出租车革命”将从何处触发。优步公司并未将投资用于昂贵的营销活动，而是决定利用更大的力量，让那些富裕而又息息相关的人在关键时刻享受愉悦的搭乘体验。

其将服务与社交网络中的热点话题紧密联系起来，如后湾停电事件、旧金山除夕夜、芝加哥体育赛事等，在优步的早期用户群中树立了良好口碑。那些操作娴熟的用户只需轻点屏幕，四轮代步工具便会应约前来，稳稳地停在人们面前。这样的体验充分满足了用户对社会地位的渴望，这些“弄潮儿”极为乐意在社交媒体上分享这样的出行体验。这迅速将优步打造成了21世纪最具潜力的品牌之一。

卡兰尼克所说的“催化剂”（现实情况）为优步的成功推广注入了强大动力。这些现实情况正是早期优步用户所面对的出租车服务存在的诸多棘手问题，同时，这也是优步旨在解决的问题。催化战略为优步带来了良好的口碑，这对优步公司来说至关重要，因为每七位用户的好评，将为优步带来一位新用户。

这确实起到了助力作用。

“轻量级”冠军

学以致用的能力，才是一个组织最根本的竞争优势。

——杰克·韦尔奇

如果我们将能力定义为“恰如其分地完成工作”，那么催化行动便是“完成这项工作的最佳方式”。它要求我们最大化地利用最少的资源，达到事半功倍的效果。

在第六章中，我们举了电影主人公培养关键能力的例子。尽管这一形象也能反映出创造价值需要自身的能力，但相比之下催化行动更为敏捷。

不妨想一想武术，以及说到武术时我们不得不提及的人物——李小龙。

回想一下李小龙的身形，以及他是如何利用身形优势的。他以优雅而科学的方式展现出原生力量。他身形紧凑，每一个招式都经过精雕细琢。他从不使用那些华而不实的招式虚张声势。

换句话说，这样巧妙地运用力量、体能的方式起到了典型的“四两拨千斤”的催化作用。

李小龙的拳拥有巨大威力。他体内能够汇聚的能量远远超过消耗的。这样一来，随着拥有的能量越来越多，他便能够击倒两倍于自身重量的对手。

身躯健硕的李小龙一直被认为是20世纪二线影业的标志性人物。他长相英俊，肌肉发达。他的发展一帆风顺，因为编剧们对他有清晰、直观的定位。他所要做的就是在关键时刻力挽狂澜，俘获女孩的芳心。

但如果数百个武士同时从天而降，他该如何是好？突然之间，英雄受到来自四面八方的武力威胁，形势多变，复杂混乱。身躯健硕的他应该如何应对？

如今的颠覆者就如同李小龙，身处“轻量级”，却要对付“重量级”对手。像优步这样大获成功的新兴企业总是善于利用催化行动击败笨拙的重量级竞争对手。它们的行动具有协同效应，牵一发而动全身。同一行动的持续反复执行就如同多米诺骨牌效应——步步紧逼，最终果断地击败敌人，赢得胜利。

相比之下，传统组织常常陷入冗长、复杂行动的累赘之中，其项目管理通常要比项目的真正执行耗费更长时间。这样的组织体系庞大，步履蹒跚，行动迟缓，毫无悬念地成了“李小龙”的战利品。

知己知彼：你所在的组织有多少行动计划看上去极其复杂，需要花费大量时间才能完成？

催化行动的定义

想知道你会成为什么样的人？不要问，行动起来！行动将会描绘并定义出你的样子。

——托马斯·杰斐逊

催化行动是指有针对性地刺激某一能力体系的行动。设计出巧妙的催化行动能够激发能力体系，从而创造价值。理想的催化作用能够激励并协调相关能力体系，用最低的成本创造最大的价值。

所有催化作用都会产生实际效果（包括积极效果与消极效果），以便你对其是否适合相应的环境条件进行评估。即使未达到预期效果，催化作用也能够在你考察环境条件时提供必要的反馈。你所设想的环境条件为X，预期效果为A，但当你实施催化行动后，产生的结果为C。这意味着实际环境条件与你的设想有所出入。这类反馈十分有效，因为通过适当干预来进一步考察环境条件有助于你了解真实情况，判断所选道路正确与否，并据此开展下一步行动。

知己知彼：你能解释当下存在的一种催化行动吗？如何将催化行动与能力进行区分？

明确起见，我们不妨再从头至尾回顾一下行动战略法则（即SiA法则。请牢记，行动战略从未停止，因此从严格意义上来讲，并没有真正的"头""尾"，见图7.1）。

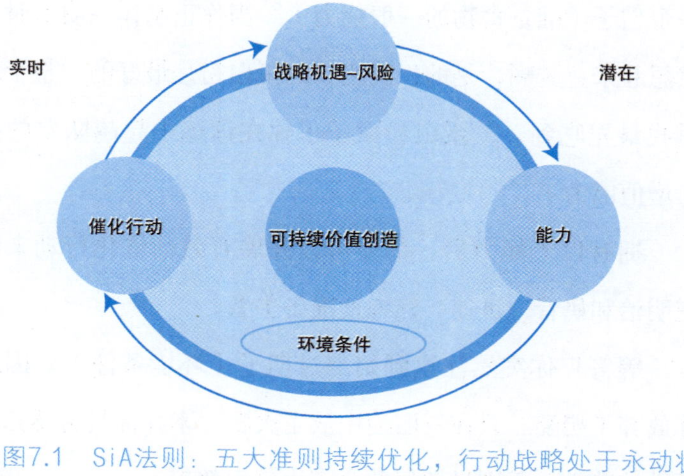

图7.1　SiA法则：五大准则持续优化，行动战略处于永动状态，从未停止

假如现在时间已经到了下午，你却连早餐都没吃（环境条件）。实时情况是你饿了，潜在情况是你下午六点钟需要参加足球训练。饥肠辘辘地工作几个小时，再空腹参加训练，这样做存在风险（模式）。这种风险驱使你寻找机遇：填饱肚子，以良好的身体状态参加足球训练。

你选择动手做蛋白奶昔和营养健康的三明治，然后休息30分钟（战略机遇–风险）。很明显，你选择以上战略机遇–风险的原因是你问自己："我想创造什么价值？"而答案是："填饱肚子，以最佳状态参加足球训练（价值）。"

所以，你走向厨房，打开冰箱，拿出牛奶、奶酪、沙拉、面包、黄油和火腿（做三明治的专业能力）。然后，你拉开厨房抽屉，选择一把削皮刀、一把黄油刀、一个盘子和一个勺子（准备食物的一般能力）。当你正制作三明治时，突然想起来："啊，是的！我刚买的蛋白粉是最好的，整个球队里我最先吃到。"蛋白粉赋予了你在训练中超越队友的潜力（增值能力）。

拥有以上能力后，你便可以开展有效的催化行动来制作三明治和奶昔，迅速、熟练地准备午餐。

等等！你突然注意到奶酪过期了（环境条件）。因此，你放弃了奶酪，只在三明治中放了火腿。幸好你具备感知环境条件的能力，否则过期奶酪会产生负面效果。

在经历了这次"险情"之后，你继续开展催化行动，甚至在吃三明治时向奶昔里多加了一勺蛋白粉（你原本想加两勺，阅读说明后了解到，放三勺蛋白粉效果最佳）。这一午餐行动战略使你能够在无沉没成本的情况下完成整个流程，并且如果你需要适时调整，无须重新投资或从头再来。

你一只手端着奶昔，一只手拿着三明治，饱餐一顿后，打了个盹。半小时后，饥饿感完全消失，你已经做好了重新开始工作（实时条件）并在之后进行足球训练（潜在条件）的准备。你只是利用了与生俱来的行动战略能力，就让自己在接下来的工作及足球训练中保持了最佳状态。

让我们做一下整理回顾。

1. 环境条件：没吃早餐，饥饿，有工作要完成，之后要参加训练。

2. 模式：饿着肚子工作，低效产出，不适合训练，惹恼教练。

3. 战略机遇–风险：通过吃喝、休息填饱肚子、解除疲劳，为训练做好准备。

4. 能力：餐具及刀具（一般能力），食材（专业能力），蛋白粉（增值能力）。

5. 催化行动：重复制作三明治和奶昔的过程，检查并扔掉过期奶酪，多添加一勺蛋白粉，在沙发上小憩。

6. 创造的可持续价值：填饱肚子；休息；为工作和训练增加能量；为给教练留下好印象做好准备；与队友相比，赢在起跑线。

再次重申，请牢记首要原则：要想创造可持续价值，战略机遇–风险、能力、催化行动必须与内外环境条件均保持高度一致。

理想催化行动剖析

我依然相信协同效应，但我将其称为自然法则。

——巴里·迪勒

是否有办法对理想催化行动进行剖析？理想催化行动需要做些什么？

理想催化行动会按照行动战略的预期产生最佳效果。在上述午餐行动战略中，做午餐、休息、为训练做好准备等被称为理想催化行动。在确保最佳预期效果的过程中，理想催化行动将促进产出的协同关系。也就是说，这些产出的综合效应远远超过各自效应相加之和，就好比“1+1=3”，而不是简单相加得出的结果。奶昔中额外添加的那勺蛋白粉将为你的大脑提供更多蛋白质，提升血糖水平，促进食物消化，可被视作产生最大利益回报的催化行动。它一次性产出了多种积极效果，这些效果协同合作，会让你的工作及训练尽可能高效。

总之，理想催化行动会刺激一系列行为，从而以最低成本获取最大价值。要想以少获多，激发“1+1=3（甚至更多）”的能力，催化行动必须因时制宜，及时激发动力。接下来，我们对以上特点进行分析探讨。

因时制宜

英国人已经开始依赖舒适的时间差，思考该做什么和真正动手尝试之间相隔了50年甚至一个世纪。

——赫伯特·乔治·威尔斯

重返那间与世隔绝的行政高管办公室，我们发现一个十年的计划正缓慢、艰难地孕育着。各类文件材料细致、完善，一条条地罗列出了未来十年的每一步将如何规划与执行。

这种仅局限于线性时间轴的规划方式，并未顾及环境条件变化造成的大量动态的指数级变化。

传统规划方式有迹可循，其中包括了一系列严格制订、预先设想好的项目及行动。这些规划谨慎有序、按部就班地付诸实施，并极力保证产出。在这一过程中，环境条件可能发生的变化被完全忽略，因为这些变化将会影响规划的执行。传统规划方式更偏向于完成“规划任务”，而非以最恰当的方式获得预期的最终结果。

这就是所谓的“规划管理措施”，它不再符合当今世界的发展。

催化行动却能够做到因时制宜，在指数级变化的时代保持相对灵活。采取催化行动后，制订战略和采取行动之间的时间差将被缩到最短，以便应对瞬息万变的环境条件。在这个日新月异的世界，若还期望环境条件保持相对稳定与可预测，并依此制订规划的话，毫无疑问，不连续将接踵而来。

知己知彼：回想一下你所在的组织当前正在讨论的行动。哪种行动与规划之间的时间差最小？

请牢记，行动战略法则如同前进的车轮般飞速旋转，它的速度足以跟上颠覆性革命时代的指数级变化周期。行动决策必须及时。催化行动能够从加速变化的环境条件及战略机遇-风险中激发这样的能力。

激发动力

取其精华，去其糟粕，再加上自己的独特风格。

——李小龙

回忆一下举世闻名的轻量级武术冠军——李小龙。他为何能够击败两倍于自身重量的对手？原因之一是：他善于激发动力。

李小龙会反复使用同一招式，以便最大限度地释放能量，展现爆发力。每次出拳时，他都保持头脑清醒，迅速观察击打效果，之后再决定下一招式。他在使用各种套路的过程中会衡量对手状况，并根据反馈的实时状况调整对抗战略，不断激发拳法威力。这样，一次次套路所累积的威力效应逐渐增强，直至到达巅峰，赢得胜利。

行动战略与传统规划的差异就在于此。在不断循环发展的行动战略中，催化行动如同李小龙的拳法招式般反复出现。这并不会带来能量的过度损耗，相反，短促的催化行动能取得灵活应对环境条件的效果。你可以根据收到的反馈决定是否有调整策略的必要。催化行动的执行需要因时制宜，与实时和潜在环境条件（在传统规划中常被忽略）保持一致，由此便可迅速衡量催化作用在环境条件中产生的实际影响。事实上，你可以尝试各种催化行动，在特定条件下，抛弃无用的，执行能够激发动力的催化行动。

知己知彼：在哪些影响组织的环境条件下，你会采取低投入的催化行动？

在探讨李小龙屡战屡胜所采用的战略之后，我们不妨将注意力转向大自然。还记得第一章中提到的霍林生态系统理论吗？生态系统总是朝着两个方向转变：成长与守恒的正向式循环、释放与重组的反向式循环。

我们觉得时间缓慢流逝的“稳定”环境，实际上是一个动态的、不断发展前进的系统。正如一棵百年老树，看上去如同象征稳定的图腾。在一定的时间范围内，确实如此，但如果你对这棵树的观察横跨了整片森林生长的时间维度，便会明白，这棵树充满活力，循环往复，始终如此。

不妨把霍林生态系统中的这棵树想象成一粒种子，获得能量，破土而出，最终成为森林中万千树木的一员。几百年前，在同一片土壤中，众多树苗争相吸取养分，茁壮生长。土壤是不断变化的环境条件之一，此外还包括气候、该地区其他生命形态以及树苗本身等环境条件因素。在这样的环境下，树苗获得能量，长出茎叶。其他未能生根发芽的种子所释放的能量再次返回土壤，产生有机物质，培育、滋养了树苗的根、茎、叶。随着茎叶的枯折，这样的循环往复又不断改善着土壤条件，为其他根、茎、叶提供能量，最终形成完整的森林生态系统。

这便是霍林生态系统的两大发展方向：成长与守恒、释放与重组。

一个成功的企业拥有先进的运营模式、管理完善的员工、强有力的品牌。这一切看上去似乎只有怀揣“神一般”的远见卓识才可企及，但事实并非如此。这就好比霍林生态系统，生命循环往复产生的巨大动力将驱使系统朝着某一类型的生态结构不断发展演变。

然而，这些持续激发的动力也可能产生反作用，别忘了创造性破坏激发的火花。如果企业拥有大自然般的智慧，便会时不时地利用催化行动淘汰不必要的能力。如同树木一样，偶尔也会有枝丫干枯掉落，以保证其他部位生长所需的能量。组织也可以利用催化行动培养对他人具有颠覆性效果的竞争能力。所需催化行动虽小，却能做到“星星之火，可以燎原”。在商场上，微乎其微的催化行动能以惊人的速度迅速发展，从而改变整个商业体系。优步、爱彼迎这样的新兴企业证明了这一点。

尤其需要注意一些大型系统项目，因为你所在的组织可能尚未具备协调环境条件与此类项目运营的能力。苹果公司利落、敏捷的出击可能会使小企业面临背水一战的窘境。制造业、建筑业这样的传统行业极易受困于烦琐的流程与庞大的系统项目，从而对其灵活性产生威胁。这些组织正面临着被全球新兴的点对点型企业所取代的命运，这些初创企业具备的正是小批量生产制造能力。现在，中国的建筑企业已经能够利用新型施工技术，在数周内完成高层公寓的建造，或用数月时间打造一座城市。

知己知彼：你所在的组织倾向于实施大规模系统项目还是进行小规模迭代？为什么？

以发展为目的对系统实行干预或破坏，通常只需要一根导火索。一针见血的短期举措通常比高风险、高投资的系统性改革成效显著。只有组织需要从管理适应性衰退中恢复常态时，你才应该更倾向于选择高风险行动。

你看过一档名为《囤积狂》的电视真人秀节目吗？患有囤积强迫症的人积攒着数量惊人的垃圾，永远舍不得抛弃，家中一片狼藉。在其中一期节目里，心理医生试图帮助这些患有囤积强迫症的人一起整理、收拾屋子。这么做有用吗？

答案是否定的，人们一开始便不应囤积那些毫无用处的东西。如果你是帮助企业走出管理适应性衰退困境的专家，在你大刀阔斧地践行那些高风险改革时，对于“舍”与“留”也需三思。你所做的选择可能会产生截然不同的结果：要么为未来发展打下坚实基础，要么仅仅是在已经无比脏乱的房间中囤积更多的垃圾。

及时性

本垒打并不一定要全力挥棒，有时候凭的是时机。

——尤吉·贝拉

多年来，连续创业家、Idealab（创意实验室）创始人比尔·葛洛斯孵化了数百家技术初创企业。他曾经参与主持管理数家大型企业（比如Citysearch网络公司），但也并非百分百成功。作为一个自诩的“创意之人”，他认为激发具有创意的商业理念或者企业家梦寐以求的“灵光乍现”是关乎初创企业成功与否的关键因素。他对自己的这一想法进行了验证。

他选取了由Idealab孵化及非Idealab孵化的数十家公司，分别从五个方面进行评估：商业理念、商业模式、执行团队水平、资金保障程度以及整体时机（初创公司成立的历史性时刻）。

“点子王”葛洛斯对评估结果感到十分惊讶。分析结果显示，“时机”对初创公司命运的决定性高于其他因素。

“时机”占据了五大因素总和的42%，远超“团队”因素以及“理念”因素。市场是否做好了接受理念的准备似乎比具有争议的理念本身更为重要。换句话说，如果市场因为种种原因并未准备好接受某一商业理念，甚至毫无兴趣或拒绝接受，那么即使商业理念具备让人赞不绝口的缜密性和创意性，也将表现得无足轻重。如果实时与潜在环境条件无法接受这一理念，那就如同植物失去了阳光的照耀，无法获得成长所需的能量。

正如我们在第六章中所提到的：时机就是一切。

激发动力的催化行动需要精准的时机。在指数级变化的时代，催化行动需要先发制人地利用颠覆。精心设计的催化行动能够在关键时刻乘风破浪，而非翻涌下沉。

要想充分利用时机，你可以关注两个方面：一是重视环境条件变化的早期征兆，二是时常查验环境条件。查验环境条件意味着利用小型催化行动判别时机是否适宜，同时消除你对现实环境条件可能存在的误解。其还包括在运用某种能力创造价值时需要进行大胆探索、试错，同时要小心提防那些潜在征兆以及未知因素。要知道，善于根据环境条件利用时机的人才会成为赢家。

指数级变化中的信号见图7.2。

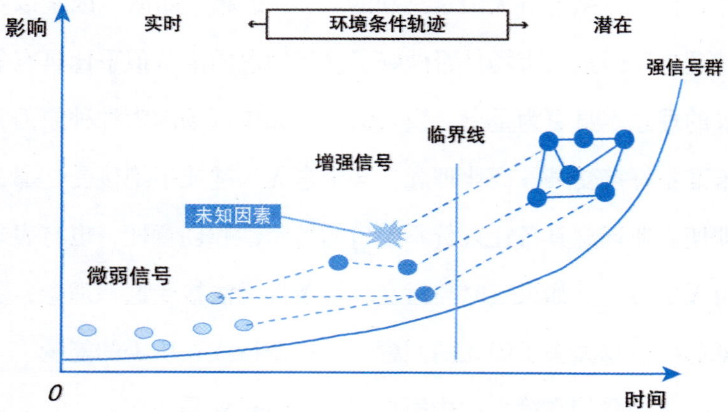

图7.2　指数级变化中的信号：当指数级变化曲线呈加速上升趋势时，来自潜在环境条件的微弱变化信号会转变成强烈信号；初始环境条件及其他不确定因素汇聚能量，冲破临界线；其中一些按自身轨迹发展，另一些将借助无人能预见的不确定因素；自此刻起，一切将无法重新来过；环境条件已经形成，接下来便是“如梦初醒”

行动战略及其运行过程中出现的催化行动会在指数级变化周期中发挥相应作用。当你身处其中，会发生什么？你和你所在的组织将成为加速变化周期与颠覆保持同步的参与者、贡献者，以实际行动来应对指数级变化，进而使自身指数级增长。这究竟是怎样的体验？

你会目睹一个充分利用颠覆的组织以惊人的速度发展前进。仅2011年一年时间，Pinterest（拼趣）的用户数量便从70万激增到2000万；2013年，RSS阅读器Feedly凭借一次适时的推广活动，吸引了大批因谷歌阅读器停用而无所适从的用户，使其用户数量从400万一跃升至1300万。

知己知彼：哪些新出现的环境条件可能预示着你所在的组织有指数级发展的机会？

放手去做

不尝试新鲜事物，你永远不知道将会发生什么。一切都需要尝试。

——理查德·布兰森

提到个人计算机革命，我们便不得不说加里·基尔代尔的故事。他是CP/M操作系统的发明者，本有可能成为像比尔·盖茨一样的人。

作为一位革命性的计算机科学家，基尔代尔认为微型计算机不应局限在控制设备上，因此成立了自己的数字研究所。在性格上，基尔代尔与盖茨并无多少相似之处。盖茨胆小怯懦，沉默寡言，而基尔代尔崇尚自由，热爱刺激、惊险的极限运动。很多人欣赏盖茨，却并不崇拜他。然而基尔代尔如同理查德·布兰森一般，极具人格魅力。盖茨和基尔代尔的相似之处在于都坚信电脑会走进千家万户的日常生活，并且都跃跃欲试，期望将自己的这一理念注入品牌产品，精准投向市场。

基尔代尔错失向IBM公司提供首台个人计算机操作系统机

会的真正原因我们不得而知。据坊间传说盖茨投机取巧，攫取了这单大生意，基尔代尔是“无辜的受害者”，但也有其他版本的说法，并未如此吹捧基尔代尔。第二种说法流传更广。

事情是这样的。1980年，IBM公司的代表曾拜访基尔代尔，表明了希望在第一台IBM个人计算机上使用其设计的CP/M操作系统的合作意向。当时基尔代尔驾驶着自己的小型飞机兜风去了，他的妻子接待了IBM公司代表，她对IBM公司要求签署保密协议的条件犹豫不决。当基尔代尔返回，见到IBM公司代表时，这笔生意早已谈得七零八落。最终盖茨买下了基尔代尔的操作系统，IBM公司通过盖茨做成了这笔生意。接下来，便是众所周知的计算机时代的颠覆性革命。

这不见得是CP/M操作系统在1980年命运发生转折的确切原因，但这确实成就了计算机历史上的颠覆性传奇。在颠覆过程中，错失良机的现象随处可见。在指数级变化的时代，犹豫不决一定不是最佳选择。时机就是一切，反应慢了半拍可能会造成巨大损失。

知己知彼：你上次采取行动拖泥带水，以懊悔告终是什么时候？

采取催化行动通常是为了督促你放手去做。这不像科学一般缜密，并非无懈可击。这不是纸上谈兵，也算不上深思熟虑。理查德·布兰森说得好：“别管那么多，先行动起来。”

在探讨加速变化、分析、协同性之后，如果你认为需要具备科学、周密的战略才能获得成功，也不足为奇，但事实并非如此。在深入讨论如何通过规划、记录相关催化行动，推动行动战略持续运转之前，我们需要先理清一些概念。

首先，执行催化行动就如同演奏爵士乐。那些音符组合奇妙多样，听上去别有一番情调。这与演奏交响乐大不相同，因为催化行动具备因时制宜、及时、激发动力等特点，你可以多加尝试。不妨试着进行几次短促、敏捷的出击，观察动力的来源。如果你一直关注着环境条件，团队看法一致，并且已经确定了战略机遇-风险、价值以及能力的话，那么你已经做好了敏捷、迅速决策的准备。不妨多尝试执行催化行动，从而了解行动战略运行速度及前进方向。

是否有时采用更加保守、有规划的方式更为合适？答案是肯定的。在环境条件相对静止、想要运用的能力相对简单时，采用计划管理措施是最佳选择。但在环境条件不断变化的情况下，计划管理措施带来的问题比能解决的问题多。在此情况下，你必须依靠行动战略法则，坚信你为环境条件、战略机遇-风险、价值产出、能力实时保持协调一致所做的努力是有实效的，并大胆放手去做。

另外，行动战略式实验法的关键在于它有自己的运行时间轴。行动战略参考的是环境条件相关时间，而非自然时间。环境条件并不关注你的季度报告何时提交，其可以随时提供战略机遇–风险，当然也可以随时收回。

如果单单依照自然时间，像网飞这样利用颠覆的公司便不会出现。这样的公司要做的是遵照公司内部自我时间规划，与市场变化的相关环境条件保持协同一致。盈亏不一定发生在本财政年度的某一特定时间段。在条件允许的情况下，也许在32.7个月后，稳定的盈亏状况才会有所体现。

需要留意的一点是，季度盈亏状况常被用来衡量十年计划中某一年计划的实施情况。完全以自然时间来衡量价值产出是非常不可取的。日历上标注的自然时间可以作为夏季售卖比基尼泳衣或假期全包套餐的重要参考，但对于身处指数级变化环境，面临颠覆的组织来说，其价值十分有限。

规划或记录催化行动

在我一步步进行绘画创作时，画作的令人惊喜之处会逐渐呈现。正是这样，我才能完全拥有即兴自由，因此我无法事先计划或画好草图。

——伊夫 · 唐基

我们似乎在提倡混沌，是吗？这无疑是个好问题。

不要忘记，身处颠覆性变革时代，具备容忍和利用混沌的能力也是一种竞争优势。尽管如此，在远见和能力允许的情况下，最佳选择仍是在颠覆性变革到来之前率先改变自己，尽可能保持连续。

正如第三章中所提及的战略机遇–风险评价标准一样，催化行动的规划记录是为了关注并发展行动战略。这并不复杂，也不能过于复杂。

首先，你需要对身处的环境条件有较为清晰的认识。在熟悉且相对温和、稳定的环境条件下，你可以选择采用半传统方式——设计行动计划，控制相关因素，然后权衡结果。如果你对环境条件认识正确，一切便会很快走上正轨。这就好比在你熟悉的街区，过马路并不是一件难事。

但如果你在评估环境条件后，发现其处于不断变化的状态，那么你需要对方式、策略进行相应调整。在动态环境下，你不应根据设定好的时间轴规划相关行动。你的规划可能从考虑好预期结果和完成时间的初次行动开始（第一次出击），但之后应以试验摸索为主。相比于穿过熟悉的街道，这更像是徒步穿越未知的冬日森林。

在行动执行的过程中，上一个动作结束之前你便需要确定好下一步行动，并同时记录下所执行的动作以及产出结果。当项目实施过程中出现某种既定行动计划需要制订预期目标时，有了这样的记录日志，你便有据可依。它能够帮助你主动关注项目实施的最终结果，避免被动，还能帮助你从变化发展的环境中获取机会，利用环境条件，在未知风险来临之前规避或掌控它们。大多数情况下，催化行动计划会有两种结果：要么早期夭折，要么大获成功。

我们常用两位登山爱好者的故事打比方。这两位登山爱好者都兴奋地期待着登上山顶拍摄日食胜景。男士早早起床，到登山器材店购买了所有需要的登山装备，而女士晃晃悠悠地吃了一顿丰盛的早餐后，才动身前往商店购买登山装备。

等她到达商店，男士已经带齐装备，出发两小时了。原来他早已拟好了登山计划，预计四小时后登上山顶，拍摄日食景象。男士自信地认为女士无法按时抵达，因此他能够独自捕捉到日食景象，而女士需要向他购买这些照片。

女士环顾四周，和登山经验丰富的售货员攀谈起来。从售货员那里，她获得了关于这座山的众多实用信息，比如最好攀爬的路线、需要规避的危险及沿途的休憩点，等等。她一边听着，一边礼貌地微笑着，继而说道："有没有最快到达山顶的方式？"售货员有些惊讶地回答："事实上，我们提供直升机服务。你可以在20分钟后到达山顶。"这样一来，女士便有了自己的登山计划。

30分钟后，这位女士已经站在山顶，兴高采烈地拍摄着日食胜景，那位男士却因为走错路迟到了。当他跌跌撞撞地爬到山顶时，不仅筋疲力尽，而且完全错过了日食的精彩瞬间。其实，几个月前，当女士进行环境条件分析时，她已经了解到了直升机服务，而她与售货员交谈，只是为了确认是否有比乘坐直升机更好的登顶方式。

五分钟内完成任何事

生活在于尝试，越多越好。

——拉尔夫·沃尔多·爱默生

当《华尔街日报》询问卡兰尼克如何应对公司的指数级发展速度时，他回答道："我列出了公司需要解决的最为困难、最具挑战性的问题，我从第一项开始，依次解决。同时我列了另外一个清单，是我们公司可以研发或提供的最受欢迎、最为精妙的产品及服务，我依旧从第一项开始，依次实现。"

那张清单是什么样子的？卡兰尼克对其催化行动的记录又将给我们带来什么启示？

优步是众多迅速采取行动以应对指数级变化的公司之一。从卡兰尼克的描述中我们可以体会到，这条成功大道似乎充满了魅力与乐趣。诸如降低营销成本、果断抓住加速增长机会、利用恰当时机解决团队问题等策略，使得优步公司在指数级变化时代得以蒸蒸日上，并且仍在继续发展，前途无量。

正如卡兰尼克所说："如果我们能在五分钟之内为你提供一辆车，那么也能在五分钟之内为你完成任何事。"他和他的团队对配送业与交通运输业也十分关注。他们通过推出诸如食品配送等服务来解决业内现有的问题，延续着优步公司巨大的颠覆性力量。我们不禁产生疑问：卡兰尼克的清单上，究竟还有多少受欢迎的、精妙的产品与服务有待推出？

颠覆应对就绪情况检查（五）

· 我们了解到，催化行动的目的是刺激协同一致项目体系的建立，帮助我们以最低成本培养或获取能力。

· 我们意识到，理想催化行动具备因时制宜、及时、激发动力的特质。

· 我们反复利用低投入的催化行动来试探环境条件、验证想法观念，从而确认创造价值的最有效途径。

· 当环境条件相对温和时，我们会采取计划管理措施；在动态环境条件下，我们需要记录下那些最有助于激发能力、创造价值的行动。

第八章

战略革命：策略、人类与社会

为什么要说“形成”而非“做出”战略？

人类自身条件是如何支持并验证各类战略尝试的？

为什么这一切的关键是“生活”？

对于“无胶片摄影”，管理层的态度是：这很有意思，但别让其他人知道。

——史蒂夫·萨森

史蒂夫·萨森的“柯达时刻”

柯达公司的问题并不在于缺乏好想法。事实上，在2012年被迫依据破产法提交破产保护申请时，这家老牌科技公司仍然拥有价值近20亿美元的知识产权。在艰难时期，柯达公司的主要资产恰恰是这些好想法，这也是柯达公司主导市场数十年来剩余价值的最好体现。当然，这些好想法并不是从矿里挖来、从地里收来或是从植物中提炼出来的。它们来自柯达公司团队中像萨森这样的人。

至1975年12月，电气工程师史蒂夫·萨森及其助手吉姆·舒克勒在实验室里改进一种名为“电荷耦合器件”的实验芯片已将近一年时间。萨森在柯达公司的顶头上司给了他这款芯片，好让他有事可做。

萨森开始钻研电荷耦合器件。根据其可以将捕获的光转化为以数据形式存储的电荷这一特点，萨森认为利用这一芯片可以发明出“无胶片手持相机”。这类相机几乎不需要任何机械运动部件，因此对萨森极具吸引力。他虽然是一名狂热的发明家，但与拥有高超技艺的机械工程师相比，他的能力有限。

利用柯达实验室旧零件箱中的配件，萨森和舒克勒最终制造出了一部重达3.6千克、烤箱大小的相机。如果你不介意拍照时需要借助上半身的力量将其扛在肩上的话，它可以算得上是一部手持相机。这个略显笨重的发明利用电荷耦合器件，将图像记录在一盘数字磁带上，人们可以反复利用磁带获取图像。在设计时，萨森决定将磁带的储存容量定为30幅图像。他发现，存储更多的图像会增加其发明的操作难度。

一切准备就绪后，萨森和舒克勒进入了设备测试阶段。他们看了看彼此，决定另找一个更合适的拍摄对象。

当时正在工作的乔伊·马歇尔成了这个“幸运儿”。

萨森和舒克勒看着这位坐在电传打字机前长相标致的技术员，在白色背景的衬托下，深色头发勾勒出了她秀丽的面部轮廓，她似乎已经做好了拍摄特写镜头的准备。这两个站在实验室后面，“鬼鬼祟祟”地想要用“怪异”装置给马歇尔拍照的人，最终征得了马歇尔本人的同意。萨森花了23秒的时间，给马歇尔照了一张面部特写。

在实验室一角，他们将生成的图像投射到回放装置的屏幕上。图像轮廓清晰，黑白分明，但马歇尔的面部细节不知为何并没有显示出来。尽管如此，两位发明家依然欣喜若狂，击掌庆贺。他们明白，图像未能显示完整的原因有很多，但无论如何，这是他们制造的第一台能够使用的数码相机。

马歇尔却轻描淡写地回应道：“还需改进。”

图8.1所示为史蒂夫·萨森荣获“美国技术与进步国家

奖”时的情景。

图8.1　2010年11月，时任美国总统的奥巴马在华盛顿特区白宫东厅举行的仪式上向史蒂夫·萨森颁发了美国技术与进步国家奖。史蒂夫·萨森因发明数码相机而获此殊荣（图片来源：路透社/凯文·拉马克）

她转身离开，留下了欢呼雀跃的两人。马歇尔错过了关键的一瞬，当萨森换了一副电线后，她的面庞突然清晰地呈现在了屏幕上。这是历史性的一刻，这张笑容灿烂的黑白面部特写即将触发一场革命。

不久之后，萨森向柯达公司高层展示了这部相机。他兴奋地解释了相机的工作原理，做好了回答一连串技术问题的准备。然而并没有人提问，整个展示过程也与他想象的相差甚远。当萨森被问及无胶片相机将产生的影响时，他坦言并不了解，但柯达公司了解。

转动的车轮

镇压，为革命的爆发埋下了种子。

——伍德罗·威尔逊

曾有多少次，人类精神被误认为“连续”的无情车轮碾压？20世纪时的跨国公司一旦发展到一定规模，再想要跳脱创建之初的思维模式谈何容易？公司官僚主义盛行，受传统能力禁锢的运作方式会以何种程度抹杀自主创造力形成的竞争优势？

约翰·肯尼迪曾说：“那些无法进行和平革命的人终会引发不可避免的暴力革命。”

颠覆性革命时代是否在借用创造性人才的名义呈现革命所带来的后果？在这个小公司击败大企业，连续被非连续取代，利用颠覆可以创造价值的时代，陷入管理适应性衰退的组织似乎尝到了甜头，因为其并没有选择和平革命的道路：利用颠覆，率先改变，尝试释放和重组的反向式循环。如此一来，他们便要经历更加激烈的变革。

柯达公司将史蒂夫·萨森视为公司员工之一，但这并不符合他的真正身份。萨森在柯达公司中拥有自己的加速变化周期，而柯达公司并未意识到这将产生巨大影响。萨森点燃了颠覆的火种，柯达公司试图熄灭它，但火苗从柯达公司的手掌中侥幸逃脱，瞬间点燃了整个世界。当数字时代的熊熊烈火蔓延至柯达公司时，它已经具备颠覆世界的力量。

相机、胶卷、资产、管理以及其他遗留的东西并不重要，只有史蒂夫·萨森才是最重要的。

我们希望你能够意识到自身的重要性。我们希望你能够思考、运用行动战略，并成为其中的一部分——掌握实时及潜在环境条件、感知战略机遇–风险、识别可持续价值、培养能力、采取催化行动，如此循环往复，永无终结。让行动战略的车轮保持转动，以跟上颠覆性革命时代加速变化周期的脚步。你需要意识到，行动战略的运转永无止境，它如同霍林生态系统理念中看似稳定的森林，实际上每时每刻都在经历着正反两种循环。如果你选择紧跟行动战略步伐，协同一致；如果你选择重视自己，将自身视作具备极大影响力的活跃变化周期，那么你将能够真正激发行动战略。

一旦你真正激发了行动战略，一段时间后你便可以轻松自如地应对，在适当时机抛弃我们所说的所有术语及法则，尝试将行动战略内化，与其融为一体。在我们构建法则时，会用到相关概念，帮助你改变世界观以及所处地位。在完全了解后，是否使用我们所运用的术语进行表述，变得无关紧要，重要的是你会从中有所收获。

你能收获什么呢？

你不再认为自己只是无法控制的庞大机器中一个无足轻重的小齿轮。你会明白，你同史蒂夫·乔布斯、约翰·麦基、马克·塔彭宁、埃隆·马斯克、加勒特·坎普、特拉维斯·卡兰尼克、史蒂夫·萨森，以及任何颠覆性时代的践行者一样——都是自身发展前进的车轮，掌握着自己的命运。和他们一样，你是为革命而生的。

激发行动战略

我们是力量和物质奇迹般的存在，可以转化为想象和意志。这简直不可思议，生命力需要经过法则的验证。于是大家争先恐后，整个世界都迫切地想要证明自己活着，我们都是其中一员。

——雷·布拉德伯里

在我们完全摈弃那些术语之前，不妨花点时间想想“激发”一词。

“价值激发（即创造价值）”是一切的核心。这里我们又提到了“激发行动战略”。在首要原则中，我们如此描述：要想创造可持续价值，战略机遇–风险、能力、催化行动必须与内外环境条件均保持高度一致。

我们将“激发”一词放置在法则核心位置有其特定原因。其对应的英文单词来源于16世纪时的拉丁语单词，原意为“生产，生儿育女”，而英文中采用的是过去分词的形式。“激发”意指创造、赋予生命。我们希望将行动战略与生命力本身密切联系起来，因为现实生活中包含的那些令人惊讶的、快乐的、危险的、富有挑战性的经历与战略激发息息相关。

当我们讨论价值激发时，并不仅仅指利润率，同时也指“创造”。这其中还包括为支持你的价值网络而提供不可或缺之物的人，让世界变得更加友好、丰富、令人愉悦。价值支撑着生命。真正的价值激发意味着过上更加精彩有趣的生活。

再回想一下那间与世隔绝的行政高管办公室。这间办公室本身就处于激发行动战略的对立面上。它阻止我们向那些极具创造力的重要人物提供战略经验，而这些人恰恰正处于指数级增长战略机遇–风险的风口浪尖。这与我们所期待的生活背道而驰。

战略不仅仅是需要执行的行动，还是防止企业走向麻木、被动的良药。激发行动战略是为了积累团队能量，并将其集中应用于强有力的价值产出上。当领导者及相关团队重新重视创造性目标时，组织便会表现出强大的生命力。战略赋予人们改变的力量。

用战略家、行动战略践行者保罗·霍顿的话来说：“有时候你需要一种可以从‘世俗’中解脱出来的策略。”

澳大利亚的一家慈善机构曾向霍顿求助，他们面临着所有非营利性组织的共性问题：政府职能转变带来的金融动荡。他们的管理足够严格吗？怎么才能更加努力，以获得资金支持？他们发展计划中的薄弱环节在哪里？

事实上，霍顿发现，这个组织在筹措资金方面运行良好。他们对于获得资金所要经历的琐碎繁杂的工作已经驾轻就熟、习以为常。这样的能力逐渐将慈善机构从满怀热情、有明确目标的积极团队转变成给予其资金扶持的官僚机构。他们碌碌无为的原因就是这些永无止境的琐碎工作。

换言之，他们组织的生命力正在一点点流失，在一堆琐碎平凡的工作中逐步走向衰亡，霍顿对此无能为力。管理适应性衰退已经使组织病入膏肓，所谓的“战略”只是空壳而已。

还有一个关于南部大都会墓园信托公司（SMCT）的例子。这是一个非营利性组织，负责维护运营澳大利亚维多利亚州的八大公墓。这个组织采纳并执行了行动战略，取得了优于其先前战略方针的显著成效。

2013年，南部大都会墓园信托公司准备更新其战略规划。时任副首席执行官的简·格罗弗决定参加一个有我（拉里·奎克）发言的企业家论坛。我关于“环境条件分析重要性”的演讲与格罗弗的想法产生了强烈共鸣，她促成了首席执行官乔纳森·特赖布与“Resilient Futures（弹性未来）”团队成员的会面。不久之后，南部大都会墓园信托公司调整了未来一年的战略规划，将行动战略框架纳入整个组织体系中。在这一年中，组织文化发生了转变，这为引领澳大利亚公墓行业的销售增长及创新奠定了坚实基础。“Resilient Futures（弹性未来）”为南部大都会墓园信托公司量身打造的项目被命名为“SMCT：在颠覆之前率先改变”。自这一战略运行以来，他们日复一日地践行着。

“在引入行动战略法则之前，我们组织的运作模式基于传统非营利性组织文化。”特赖布如是说。尽管之前已经让管理团队接受了问责导向性培训，但他仍牢牢把握住了行动战略模型，并将其视作授予团队急需技术能力的机会。他希望在组织内部培育有助于解决规划问题的文化。比如，当他们打算购买一台新设备时，会先通过运行行动战略法则进行评估，从更宏观的层面考虑这一行为是否得当。

南部大都会墓园信托公司的大局观就是如此：若想在飞速发展变化的监管环境、商业市场中保持竞争力，他们需要将组织打散重组。

对于南部大都会墓园信托公司而言，“在颠覆之前率先改变”意味着寻求战略机遇-风险，从文化、人口、商业、政治环境条件的变化中获益。首先，他们的下一波客户（婴儿潮时期出生的一代人）的生死观与父辈不同。他们更希望进行轻松的告别，而非沉重的悼念。南部大都会墓园信托公司需要确保其产品及营销能够迎合新一代人的理念。

其次，其他州对公墓解除管制的举措为公墓运营商扩大社区服务范围，使其角色更为多样化提供了机遇（风险）。南部大都会墓园信托公司认为，随着时间的流逝，解除公墓管制将带来更多可能性。他们需要确保的是，当这一天真正来临时，他们具有足够的应对能力。为此，他们探索尝试了一系列战略机遇–风险，汇聚了充足的、令人振奋的企业能力。最终，他们收到的回报远远超过了单纯的资金利润。

用格罗弗的话说，她所在的组织“不再是一个被动的品牌”，实施行动战略法则“改变了我们对灵活性、敏捷性和时机的理解。我们有把握机遇、规避风险的信心，我们有严谨的流程、共同的战略语言及框架”。

对于南部大都会墓园信托公司来说，采纳并运用行动战略法则不仅仅是一个战略规划的过程，更重要的是，整个团队都满怀热情地参与了相关战略文化的创建和应用。他们将这种新的思维及交流方式内化为组织精神的重要组成部分。行动战略带领其想象力飞速运转，开拓、探索未曾涉足的领域。

“在颠覆之前率先改变”并不仅仅代表管理层和董事会做出的一系列选择和决策，这更是一场捍卫未来的运动。

形成战略

沟通成就团队，也就是说，沟通促成了相互理解、相互重视及亲密关系。

——罗洛·梅

澳大利亚政府部门主管简·蒙克对与“Resilient Futures（弹性未来）”共同召开的首次战略规划推进会上，他的团队所表现出的冷漠、尴尬记忆犹新。当时政府正实行紧缩政策，大量裁员。因此，办公室里气氛紧张，同事们都沉默少言，缺乏沟通。

“但随后情况有所缓和，我们开始互相理解。其实我们拥有沟通、交往的能力，之前却没有意识到。在价值上，我们比想象中具有更多共性——尤其在我们能够为利益相关者带来的价值方面。”蒙克说道。

蒙克的团队成员所获得的启示与第六章中提及的霍顿通用汽车公司工程技术精英们所获得的启示大致相同。他们认识到自身的沟通问题并不仅仅体现在团队内部，还体现在与外界的关联上。沟通问题限制了他们在价值网络中的出色表现，他们需要以更好的方式与内外部利益相关者保持顺畅沟通。

如何付诸行动呢？他们追求的战略机遇-风险之一便是探索新技术，以帮助他们更高效地进行团队沟通。技术将如何帮助他们成为热情洋溢的沟通者，而非只会机械决策、令人厌烦的官僚呢？在三维建模软件的帮助下，他们的诸多陈述、演示比幻灯片、电子表格的形式更为生动，关联性更强。

“过去我们与他人打交道的方式往往是简单直接的，现在我们需要与正面临变革的组织团队打交道。我们需要帮助人们意识到一些必要问题，而三维建模实现了这一点。”蒙克说道。

从蒙克团队的案例中，我们看到了一种反复出现的趋势：要想实现从“做出战略”到“形成战略”，从按部就班到灵活运用的转变，需要一种简单有效的推动力，那便是人与人之间的相互理解与欣赏。这样的转变需要时间，有时比人们乐于投入的时间更长。

正如行动战略的践行者、美国创新专家基普·伯格斯特罗姆所说：“美国人常在‘预备！瞄准！开火！’后才询问‘计划是什么’。”这种火急火燎、焦躁不安、草草结束的态度往往会使团队错过集体成长发展的关键时期。团队成员之间的成见与怀疑会阻碍有效战略的形成。同时，一个对组织能力一无所知的团队也无法清楚地了解其战略的种种可能。

但是，当团队成员共同了解并激活行动战略后，他们开始团结一致，他们能够轻松直观地形成战略，并对不断变化的环境做出实时反应，同时进行相应调整。当行动战略全面展开，将法则贯彻执行于整个组织生态系统，所有团队成员便能够运用通用语言及框架制订战略、解决问题、评估绩效；能够协调一致地对待战略机遇–风险，并分享见解；能够自如地“读懂看不见的未来”。用伯格斯特罗姆的话来说：“见机行事，随机应变。”

伯格斯特罗姆还引用了史上最伟大的冰球运动员之一韦恩·格雷茨基的话：“一名优秀的冰球运动员能够及时接住冰球，而一名伟大的冰球运动员能够预测冰球的走向。”边比赛边思考的战术往往收效甚微，对局势进行预测并拿出应对方案才是值得培养的技能。以往的“伟人”常常孤军奋战，带领团队成员进步，而若想有效执行行动战略，则需要整个团队朝着未来携手共进。

格罗弗、蒙克和伯格斯特罗姆的团队成员互相了解、沟通，有组织地共同制订战略。团队中形成的良性循环也在不断影响着外界，促进了与价值网络中其他利益相关者的沟通与交流，传递着极具感染力的信任感与积极性。战略机遇–风险自然呈现，体现出了组织内部自发产生的价值。这是真实的体现。

第二原则

若非建立在社会现实主义与政治现实主义的坚实基础上，理想主义便犹如空中楼阁。

——克劳德·麦凯

随着对行动战略的阐释即将进入尾声，我们要来分享一下第二原则（也是最后一条原则）：了解并遵循人类自身情况。也就是说，如果你不了解人类社会，不站在大众的角度进行合作，你就永远成不了杰出的战略家。

我们发现，在探讨可持续问题时，人类社会的现实环境条件常常被忽略。比如，在一次弹性未来论坛会议上，一名参与者提出了让人瞠目结舌的气候变化解决方案："我们要做的就是阻止人们驾驶汽车。"这种不切实际的幻想有违"真实的"团队价值，常常为执行层所认可的错误观念提供滋生的沃土。我记得一位高管曾声称"人民忠于我们的组织"，而根据当时的微观环境条件来看，这简直荒谬至极。

无论是"正确的事情""最明智的举动""最合乎逻辑的发展方式"还是"显而易见的行动"，如果没有人的参与、合作，如果人们不努力加以实施，那么其在得以应用之前便已经夭折。人类社会的现实情况能够击垮所有先进的战略，文化相较战略来说总是略胜一筹。那些了解并尊重人类社会现实情况的战略家如同强大的催化剂，能够为取得预期效果积聚真正的能量。

还记得通用霍顿汽车公司的行动战略专家彼得·沃德瑞吗？在经历了汽车业的跌宕起伏之后，他曾一度待在菲律宾的碧瑶市，负责一家全球航空航天公司产品工程开发部的监管工作。在那里，他的战略能力得以充分施展。

他刚加入公司时，公司人才外流现象严重。由于机器要靠计算机控制，因而操作人员需要具备极高的技术水平，通常在接受四五年的培训后才能熟练操作。如此一来，公司吸引了大量杰出优秀的人才，但对技能的高要求同时成了软肋，海外公司争相从该组织挖掘训练有素的技术人员。

训练有素的技术人员的流失，造成了严重的后果。短短半年时间内，他们失去了15%的员工；只接受了三个月训练的初级技术人员操作不当，造成了机器损坏，光是修理费便高达50万美元。什么样的战略机遇–风险才能扭转这一局面？

这时了解环境条件便显得至关重要。“在菲律宾，去海外发展的人常常被视为不可多得的人才。”沃德瑞解释道。在这种文化环境中，或者说人类社会状况下，出国体验新环境、新生活对于技术人员来说极具吸引力，因此海外公司能够相对轻易地挖掘人才。

这样的现实情况使得恰当的战略机遇–风险变得简单而巧妙——公司只需改变招聘对象，多雇用成熟女性，而非青年男性。这类女性常常有着根深蒂固的家庭观念，她们对于出国工作、享受海外生活并不特别感兴趣。这是一种对公司所需人才条件的修正与完善。

了解人类社会的现实情况有助于你评估、衡量大众的想法、感受和需求，这是行动战略实践中不可或缺的能力。没有它，你就只能自求多福了。

还记得第三章中提到的某一代用燃料工业协会的首席执行官艾比·哈里斯吗？她最终成了另一个大规模全国性协会的

领导者，但这一协会面临的问题与她之前任职协会面临的问题大同小异：领导团队的成员在运作流程上产生争执，对战略感到困惑，还有很多相对偏颇的行动决策。在她上任之前，董事会及管理层召开了一天的战略规划研讨会。哈里斯唯一了解到的研讨结果是，顾问们向前任首席执行官推荐了一款软件，这款软件能够记录下他所采取的每一步行动。前任首席执行官笑着点点头，向他们支付了相应的酬劳。

这一组织战略计划与其他昂贵软件一起，被束之高阁，落满了厚厚的灰尘。

值得庆幸的是，哈里斯上任以后，一直不断思考着行动战略。她带领团队经历了规划全过程，帮助组织取得了突破性成果，并制订出了占据显著战略优势的商业计划。

哈里斯曾经是一名工程师。行动战略最终成了优化逻辑能力的战略工具。她说："行动战略与我融为一体，它并不是静态的。我们每隔一段时间就要重新审视一次，并做出相应调整。我们一直在测试行动战略是否能够有效运行。"

这些看似富有远见的战略——从首席执行官"追踪软件"到自我感觉良好的"高瞻远瞩"，其实与人类社会现实状况格格不入。战略的运行基于异想天开，所谓的预期也是天方夜谭。最可悲的是，价值、任务或品牌平台与真实的企业文化大相径庭，无法在社会中产生任何反响或共鸣。

一旦了解并尊重人类社会的现实情况，你便能很快采用顺应现实的方式进行工作，能够通过积极协同发展来保障未来的团队能够焕发出巨大活力。用卡兰尼克的话说，他们既能列举出诸多“受欢迎的、精妙的产品”，又能够像哈里斯一样，对用恰当的工具完成相应任务感到心满意足。

变革未曾停止

从某一刻起，你便再无回头路可寻。从这一刻起，你必须一往无前，走向终点。

——弗兰兹·卡夫卡

要想创造可持续价值，战略机遇–风险、能力、催化行动必须与内外环境条件保持高度一致，了解并尊重人类社会的现实情况。这是行动战略仅有的两大原则，你需要时刻铭记于心。

在这个颠覆性变革时代，技术、连通性、复杂性、混沌性以及变化周期推动着指数级变化以惊人速度发展，几乎不会再有任何事情可被视为理所当然。利用颠覆的能力是自如应对历史性变化乘风破浪、高歌猛进的最佳选择。同时，颠覆性变革为我们提供了实现目标、增强创造性、增加同伴间亲密度的绝佳机会。

行动战略前进的车轮永不停歇，这个日新月异的世界使其应运而生。身边的环境正在发生变革，行动战略则是收获革命果实的工具。你要大胆地参与其中，以自身“脱胎换骨”式的改变应对指数级变化——了解实时和潜在环境条件，感知战略机遇–风险，创造可持续价值，培养能力，采取催化行动，如此循环往复。不要停留，因为生活从未停止，你需要跟上生活的脚步。

正如霍林生态系统理论中所讲的，森林系统在正向式循环与反向式循环中不断发展进化，你的生活也在不断发展演变，你是众多变化周期中的一个。即使诸多颠覆性因素极速发展，令人眼花缭乱，也请铭记，你是历史发展的产物。只要秉持决心、观察力与信念，你就能够跟上颠覆的步伐，创造出更美好的生活。

注定如此。

核心术语及其定义

适应性循环： 生态学家巴兹·霍林通过观察，提出了改变的两个方向，即成长与守恒的正向式循环、释放与重组的反向式循环。这有助于我们了解何时能够有所收获，何时又应该促进颠覆与创新。

敏捷性： 根据不断变化的环境条件，信息、理念、创造力、承诺以及决策能够及时发布或及时思考、重组。

法则： 计算或解决问题时需要遵循的步骤流程或一系列规则。

模糊效应： 避免做出因缺少信息而结果未知选择的倾向。

套利： 承担一部分可控风险，同时将另一部分风险转嫁给其他参与者。

真实： 以实际的状态呈现事实，而非弄虚作假或刻意抄袭。

真实性： 个人特性、精神或品质面对外部压力时的真实程度。

叠加效应： 集体信念在公共话语中得到重复，进而促使其合理性不断增强的自我强化过程（也就是“只要长时间重复一件事，这件事就会变成事实”）。

从众效应： 行为、观点朝着与大多数人一致的方向变化的倾向（也就是“群体思维”）。

捆绑关联：以值得信赖的方式真实联系、互相理解、交换价值。

品牌：与其他产品或服务有所区分并能够被记忆、认知的任何特征。

正常运营（BAU）：组织内部正常执行运作。

商业模式：组织创造、传递、获取价值的方式。

能力：做某事的才能。

能力模型：一种行动战略工具，对可持续价值的生成进行实时识别、投资与维持。

容量：能力的大小或多少。

催化剂：关系网络或体系中能够作为刺激因素促进改变或扩大规模的事物。

催化作用：一种利用协同效应刺激一系列事件发生的针对性行动（如1+1等于53，远大于2），以实现用较低成本获得较高回报的最佳预期效果。

混沌：体系或网络中的不连续程度。

认知偏差：一种评价判断的偏差模式，指用不合逻辑的方式对他人或相关情况进行推测。

确认偏误：通过搜索、解释、关注、记忆的方式支持个人成见或预想的倾向。

胜任力：某种能力所达到的水平或标准。

复杂性：用以描述事物中以多种方式互相作用、互相影响的各个部分。

环境条件：影响绩效或产出的相关因素或主要情况。

环境条件分析：对信息进行系统收集和阐释，辅助组织对将要（或可能）影响绩效或产出的因素进行观察与思考。

环境条件示意图：用文字从微观、宏观、超宏观层面直观呈现决定组织实时及潜在状况的各类主要环境条件。

连通性：连接或互联的状态。

连续：某事物相对长时间地不间断存在或运作，指未被颠覆的稳定状态。

连续变化：能够预期并趋向于遵循特定模式的不间断变化（如昼夜交替、四季更迭、衰老等）。

核心能力：对于维持已有价值、创造可持续价值至关重要的能力。

变化周期：完成一系列流程所需要的时间（如改变某事、学习或应用某物、生产某物、完成一笔交易所需的时间）。

检查状态：稍稍暂停以检查行动战略的进展情况或相关环境条件。

碰撞试验假人综合征：在重新架构之前，持续被非连续变化干扰、打乱，并感到措手不及。

创造性破坏：不断从内部改革经济结构的产业变化过程（约瑟夫·熊彼特）。

周期时间：完成一个行动战略法则循环需要的时间。

非连续性：有间断或间隔的状态，缺乏连续性。

非连续变化：具有颠覆性、不可预见性及不确定性的变革。

非中介化：减少对生产者与消费者之间中间人的利用，如通过网络直接向制造商购买产品，无须零售商介入，因此零售商“被非中介化”；也指“切断中间商”。

迷失方向：找不到方向或所在位置。

被颠覆：被（某一事件、活动、进程）中断或扰乱，产生问题或引起动荡。

颠覆：中断某一事件、活动、进程。

（指数级变化）拐点：指数级变化曲线上变化率开始激增的点。

潜在：正在形成或逐渐凸显的过程，伴随一系列复杂原因而产生的效应，而非通过分析得出的效应之和。

参与度：对某感兴趣事物参与的程度。

企业家的乐事：参见“套利”。

指数级变化：越来越快的增长速度或复合变化。

认知领域：一个用简单示意图描述我们所能获得的所有知识的概念，具体描述了三个知识领域——已知的已知、已知的未知、未知的未知，有时还包括我们不想知道的已知。

首要原则：一套理论、体系或方法所基于的基本概念或假设。

固定行为模式（FAP）：通常与某些物种有密切关联的一系列习得性或本能行为。

行动战略首要原则：要想创造可持续价值，战略机遇–风险、能力、催化行动必须与内外环境条件均保持同步与高度一致。

激发：来源于16世纪时的拉丁语单词，原意为“生产，生儿育女”，英文中采用过去分词的形式，指“产生”或“一系列事情或项目”“创造”。

硬件：开展一项活动所必需的机械设备。

控制错觉：高估自己对事件的控制能力。

实时：密切相关或当下存在。

相互依存：两个或两个以上的人（或事物）相互依赖的性质或状态。

利用（杠杆）：通过地位、权力或影响力获得机会或优势。

管理适应性衰退（MAD）：以一种自认为良好的管理方式盲目适应不利的环境条件，这种方式起初似乎能缓和颠覆，但很快便会加速破坏性衰退。

超宏观、宏观及微观范围：用以区分影响组织的各类环境条件的尺度——超宏观层面（全球方面）、宏观层面（行业、地区、国家力量方面）以及微观层面（你和你的组织方面）。

摩尔定律：1965年，Intel（英特尔）公司联合创始人之一戈登·摩尔发现，自集成电路问世以来，每平方英寸可容纳的晶体管数量以每年翻一番的速度增长着，并且这样的增长势头在可预见的未来将会一直持续（增长速率有所放缓）。截至2015年，原本2.5年才能完成的变化仅需一年就可以完成。

忽视概率：在不确定的情况下进行决策时，完全忽视基本概率的倾向。

被网飞：索尔·卡普兰对非中介化结果和失败商业模式的描述。

机遇：提供进步发展的一系列环境条件。

机遇-风险：提供进步发展但同时具备风险的一系列环境条件。

组织生态系统：组织所在的系统或网络体系。

导向：与特定方向或位置保持一致。

准则：用以规范行为或思想的一般规则。

进程：做事的方式方法及规划步骤。

原始输入：用于培养或发展附加能力的材料、能源等。

互惠互利：价值生成的良性循环。

弹性（一般性的）：受到冲击后迅速恢复活力，在逆境中奋力前进。

弹性未来：人、组织、社区作为整体，在变革之前率先做出改变所形成的未来形态。

弹性未来（组织名称）：由编写、管理、教授、促进行动战略框架的人员所构成的组织网络。

弹性组织：能够在变革之前率先做出改变，从而避免和（或）利用冲击等不利条件的组织。

风险：处于危险之中的一系列环境条件。

规模：增大或缩小的尺寸比例。

软件：信息、网络技术系统及计算机程序，指导计算机处理器执行特定操作的任何一组机器可读指令。

SiA：参见“行动战略”。

行动战略法则：行动战略中的五大准则/步骤。

SOR：参见“战略机遇-风险”。

搁浅资产：遭受意外损失或过早减记、贬值、转化为负债的资产。

搁浅能力：在创造可持续价值方面不再发挥作用的能力。

行动战略：与行动直接关联并保持一致的战略。

战略机遇-风险：使组织能够进行正确的战略定位，从而创造可持续价值的机遇-风险。

可持续价值：在连续及非连续状态下均能保持存在状态的价值。

可持续价值激发：持续不断了解、传递、获取价值。

协同：各元素之间的积极相互作用，这些元素结合所产生的综合效果远大于各个元素各自产生效果相加的总和。

系统：相互作用或相互依存的各部分所组成的整体。

技术：人类使用的一系列工具，包括机器装置、流程安排、操作程序等；所学知识的实践应用。

不公平套利：一方承担全部风险或更大比例的风险，而另一方享受相关机遇。

信任：对某人或某事可靠性、真实性或能力的坚定信念。

价值：某事物的重要性、有效性，某事物的物质或金钱价值。

价值破坏：价值的损耗或丧失。

价值激发：为他人传递价值或为自身获取价值。

价值合作伙伴：与他方合作，分享价值并共同创造可持续价值的个人、组织或团体。

价值主张：组织向价值合作伙伴传递的以及内部能够获取的既定价值。

未知因素：具有不确定性及不可预知结果的意外事件。

全系统：包含众多次级体系的完整系统，网罗众多次级网络的完整网络。

参考资料

第一章　如梦初醒：身处指数级加速时代

1. 劳埃德·托尼的文章《VUCA世界的变革步伐》。

2. 汉斯-保罗·博克纳（波士顿咨询公司全球主席）于2012年5月2日发表的题为“全球化：你准备好了吗？”的演讲。

3. 约瑟夫·熊彼特于1942年出版的《资本主义、社会主义与民主》。

4. 生态学家霍林在《可持续发展》期刊上发表的文章《生态系统的恢复力：地方性的突发事件和全球变化》。

第二章　行动战略法则：极速颠覆下的战略法则

1. 罗素·班克斯出版的《储备》。

2. 史丹利·麦克克里斯托任作者之一的《团队：应对复杂世界的新规则》。

3. 拉里·奎克和丹尼·斯特利出版的《在复杂的变化之前创造机会》。

第三章　身临其境：学会应对瞬息万变的世界

1. 鲁里埃尔·罗比尼在国际货币基金组织研讨会上发表的题为“美国艰难的风险着陆及其对全球经济和金融的影响”的演讲。

2. 安德鲁·施图尔曼于2012年在《认知》期刊上发表的文章《科学知识可以抑制但不能取代早期的直觉》。

第四章　利抑或弊：追求战略机遇-风险

1. 1997年在波士顿召开的Macworld大会上，史蒂夫·乔布斯发表的重要演讲。

2.《连线》杂志刊登的加里·沃尔夫对史蒂夫·乔布斯的采访《下一个疯狂的伟大事物！》。

第五章　恪守底线：创造可持续价值

1. 格里斯采访全食食品超市的创始人约翰·麦基的报道，2004年12月18日，网址：http://grist.org/article/little-mackey。

2.《全食：整体食品市场相互依存宣言》，网址：https://www.wholefoodsmarket.com/mission-values/declaration-interdependence。

3.《全食：我们的核心价值》，网址：https://www.theleadermaker.com/core-values-whole-foods-market-inc/。

4. 索尔·卡普兰在威立出版社出版的《商业模式创新工厂》。

5.《联合利华：没有整合，你们的商业模式安全吗?》。

第六章　恰如其分：拥有画龙点睛的能力

1. 由杰弗里·所罗门发布的视频《放大的导师事件：马克·塔彭宁（特斯拉联合创始人）》。

2. 阿什莉·万斯出版的《伊隆·马斯克：特斯拉、SpaceX和对梦幻般未来的追求》。

第七章　激发能量：指数级增长需要催化行动

1. 名为“波士顿优步”的博主发布的一篇帖子《打开后湾的电源》。

2. 特拉维斯·卡兰尼克于2011年9月22日发表的《芝加哥——优步最早的发布日期吗?》。

3. 比尔·格罗斯2015年在TED上发表的题为“创业公司成功的最大原因”的演讲，网址：http://www.ted.com/talks/bill_gross_the_single_biggest_reason_why_startups_succeed。

4.《华尔街日报》记者道格拉斯·麦克米伦撰写的报道《优步老板：峰时定价在这里》。

第八章　战略革命：策略、人类与社会

柯达时刻发布的视频《史蒂夫·萨森：数码相机的发明者》。

致 谢

在此，我们要向过去对我们的工作给予慷慨支持的诸多人士致以衷心的感谢，尤其感谢我们出色的身兼研究员、语言大师、编辑数职的加拿大同仁克里斯汀·范·沃洛滕。没有你，便不会有我们今天的成果。

感谢多年来与我们合作的客户，特别是简·格罗弗、乔纳森·特赖布、艾比·哈里斯（化名）、简·蒙克、安德鲁·威尔逊·安南、大卫·默里、克里斯·卡罗尔、罗汉·斯托克、杰奥夫·史密斯主教、吉姆·加德纳、彼得·道金斯、特里·布莱克、格雷格·布拉奇、雪莱·派克、克莱尔·汉密尔顿、麦克·希勒、詹姆斯·贝斯特、加里·菲茨杰拉德等。

感谢我们澳大利亚的团队成员：保罗·希姆科维亚克、安德鲁·海森、詹妮弗·迪恩以及主席托德·戴维斯。

感谢诸多同仁们：彼得·沃德丽、约翰·库姆尼克、鲍勃·格雷、罗恩·坎贝尔、丹尼·斯特利、本·福斯科特、雷·明尼康、萨利·伯吉斯·德·卡斯蒂略、马尔·布莱斯、斯蒂芬·昆顿、克里斯托弗·贝尔、达米恩·庞蒂菲克斯、海伦·艾莉森、伊恩·帕克、迈克·贝瑞、格兰特·西蒙斯、大卫·布朗、彼得·艾尔亚德、劳里·斯帕克、杰克·卡尔森、大卫·沃德尔、克里斯·琼斯、德里克·贡萨尔维斯、珍妮特·金、史黛西·丹尼尔、理查德·基夫斯、布伦丹·安德伍德、奈杰尔·海沃德、拉尔夫·史蒂文森以及加里·伯恩。

我们还要对众多美国支持者们致以衷心感谢：罗杰斯·弗兰茨、基普·伯格斯特罗姆、弗雷德·普雷斯利、罗伯特·利弗、彼得·卡基亚玛、肯尼斯·佩恩、阿里安娜·麦克布莱德、贝丝·阿什曼·柯林斯、米歇尔·冈萨雷斯、杰弗里·德克斯·戴克曼、莉兹·史密斯、布夫·蔡斯、查理·坎农、理查德·戴维斯、莎伦·康纳德·威尔斯、德里克·温斯洛、罗伯特·比林顿、娜塔莉·卡特、罗斯·普雷斯顿、拉蒙·马丁内斯、柯特·斯伯丁、布鲁斯·维尔德、凯文·弗林、维吉尼亚·李、珍·麦肯、杰夫·西曼、巴贝特·阿利娜、巴纳比·埃文斯、伊娜·安德森、罗布·艾伦、迈亚·斯莫尔、Armory Revival公司、克里夫·伍德、约翰·斯派克、巴纳比·埃文斯、简·奥斯汀、加里·布利斯、翁贝托·克伦卡、约翰·C.格雷戈里、保罗·欧勒特、保拉·瓦特、芭芭拉·菲尔德、艾姆斯·柯尔特、加里·卡尔维诺、理查德·亨肯、马戈斯·莫里索、路易斯·索雷斯、贾斯汀·艾娜、里克·佩斯、比尔·福克斯、塞莱斯特·M.约翰逊、比尔·戈登、杰夫·特德、米歇尔·鲍尔、约翰·恩格哈特，丹尼尔·迪安提斯、比尔·布雷克、金伯利·芬恩、黛布·塔尔博特、丽莎·曼塞尔、坦帕湾团队以及无可取代的马克·宾德（“弹性未来”的命名者）。

感谢基普·伯格斯特罗姆、约翰·霍金斯、查尔斯·兰德里、查理·利德比特、保罗·霍顿、理查德·哈姆斯、卡罗尔·科尔塔、大卫·史密斯、迈克尔·舒曼、克里斯托弗·亚历山大、理查德·弗罗里达、约瑟夫·科尔特赖特、保罗·达根、达丽尔·泰勒、肯·斯坦菲尔德、克雷格·米勒、彼得·莫里斯、玛格丽特·惠特利、埃利奥特·瓦什、伊特克博士、肯·福特、迈克尔·梅哈菲、格雷姆·皮尔曼、约翰·西利–布朗以及索尔·卡普兰。感谢你们提供的独到见解。

感谢我们才华横溢的设计师——纽约Iskon设计公司创始人纳丹·曼西奇。

免责声明

我们在此强调，本书案例中所涉及的企业组织（如苹果公司、全食食品超市、爱彼迎、特斯拉、网飞、优步等）与作者并无任何个人、职业或财务关联。所有存在的职业关系已在所涉案例中说明。

另外，我们不提倡读者因本书的描述而对书中列举的任何组织进行投资，也并无暗示这些组织日后有能力规避颠覆之意。

我们相信，所有组织都将在未来经历颠覆，即使是今日的颠覆者，也不例外。我们不得不面临这样的问题："我们是在利用创造性颠覆，还是陷入了创造性颠覆的惯有模式，重返被颠覆者曾经选择的旧途？"

Resilient Futures（弹性未来）传媒

若想获得关于学习、实践行动战略的更多信息和支持，你可使用以下两种方式：

· 弹性未来预警——通过相关视频及文章及时了解颠覆性变革时代的热点问题、变革、新思维模式及重大时事新闻；

· 弹性未来社区——专为学习、体验行动战略的人群打造的用户社区，人们可在该社区参与相关调查及开展实时投票活动。

访问以下网址，以获取“弹性未来预警”注册信息，成为“弹性未来社区”的一员：www.resilientfutures.com。

关于 Resilient Futures（弹性未来）

“弹性未来”是一个由战略家、分析师、研究员和指导员共同组成的关系网络，旨在帮助组织或个人制订应对或利用波动及颠覆的相关战略。

获得服务的途径

团队成员和领导者可以通过以下方式了解并践行行动战略框架。

- 本书：《颠覆：剧变时代的7大生存原则》；
- 培训手册：《行动战略指南》；
- 通过“行动战略项目”途径定制培训项目；
- 参与个人或团队网络在线项目。

“弹性未来”也为希望在战略制订方面获得指导的组织提供各类演讲及战略辅助服务。访问以下网址，浏览有关“弹性未来”的更多信息：www.resilientfutures.com。

了解“弹性未来”思维模式

“弹性未来预警”会直接将相关视频、文章推送至你的电子邮箱，帮助你及时了解颠覆性变革时代的热点问题、变革、新思维模式、重大时事新闻以及行动战略（SiA）。

若要注册、订阅“弹性未来预警”，请访问www.resilientfutures.com。